교사를 위한
생성형 AI 활용 수업

# 교사를 위한
# 생성형 AI 활용 수업

초판 1쇄 인쇄 2025년 4월 16일
초판 1쇄 발행 2025년 4월 22일

**지은이** | 김종혜
**펴낸이** | 김승기, 김민수
**펴낸곳** | ㈜생능출판사 / **주소** | 경기도 파주시 광인사길 143
**브랜드** | 생능북스
**출판사 등록일** | 2005년 1월 21일 / **신고번호** | 제406-2005-000002호
**대표전화** | (031) 955-0761 / **팩스** | (031) 955-0768
**홈페이지** | www.booksr.co.kr

**책임편집** | 최동진
**편집** | 신성민, 이종무
**교정·교열** | 최동진
**본문·표지 디자인** | 이대범
**영업** | 최복락, 심수경, 차종필, 송성환, 최태웅, 김민정
**마케팅** | 백수정, 명하나

ISBN 979-11-94630-07-4 (13000)
값 16,000원

생성형 AI를 수업에
쉽게 적용할 수 있도록 돕는
기초 안내서

# 교사를 위한 생성형 AI 활용 수업

**김종혜** 지음

생능북스

## 추천사

디지털 혁명이 교실에서도 구현되고 있습니다. 이 책은 단순한 교수법을 넘어, 우리의 교실 현장에 따뜻한 변화의 바람을 일으킬 소중한 도구가 될 것입니다. 생성형 AI의 실용적인 가이드와 감동적인 사례가 어우러져 학생들이 스스로 문제를 해결하고, 지식을 삶에 적용하는 과정에서 느낄 수 있는 기쁨을 선물할 것이라 기대합니다. 당신의 수업이 변할 준비가 되어 있다면 이 책이 그 변화를 이끌어 주는 등대가 될 것입니다.

송양고등학교 / 사회 수석교사 **권현숙**

이 책은 생성형 AI를 교육 현장에서 활용하는 방법을 초보자도 쉽게 접근할 수 있도록 체계적으로 구성한 탁월한 지침서입니다. 단순한 기술 소개를 넘어 AI 활용 수업에서 중점을 두어야 할 교육적 가치에 대해서도 안내하고 있으며, 생성형 AI를 활용 수업의 명확한 방향성과 함께 구체적인 사례를 풍부하게 제시하고 있습니다. 이 책은 모든 교육자에게 실질적인 도움이 될 것이라 확신합니다.

매양중학교 / 정보교사 **임수기**

차근차근, 꼼꼼하게! 프롬프트 작성법부터 다양한 AI 도구를 활용한 학습 설계, 실제 수업 사례까지! 농축하여 담겨 있는 이 책을 하나씩 읽고 따라 하다 보면 어느새 내 수업에서는 어떻게 적용해 볼지 두근두근 설레이는 선생님을 발견하게 되고, "이걸 왜 이제 알았지?"라고 생각하시게 될 겁니다.

시원고등학교 / 과학교사 **김소영**

생성형 AI는 이미 우리 생활 속에 깊이 들어와 있으며, 미래 사회에서 더욱 중요해질 기술입니다. 이제는 단순한 사용을 넘어 AI와 함께 생각하고 창조하는 법을 배워야 합니다. 이 책은 효과적인 프롬프트 작성법부터 다양한 수업 활용 예시까지, 학교 현장에서 쌓은 저자의 노하우를 담았습니다. AI를 수업에 적용하려는 모든 선생님께 유용한 실전 가이드가 될 것입니다.

비룡중학교 / 영어교사 **김연수**

디지털 기술의 빠른 발전과 함께 교육 현장에서 인공지능(AI) 활용에 대한 관심이 높아지고 있습니다. 하지만 AI를 수업에 적용하는 것은 여전히 많은 교사들에게 쉽지 않은 도전으로 느껴집니다. 생성형 AI 플랫폼이 직관적이라고 하지만, 막상 활용하려고 하면 어디서부터 시작해야 할지 막막한 것이 현실입니다.

교육청과 학교에서 생성형 AI 연수가 활발히 이루어지면서 많은 교사들이 이를 수업에 활용하고 있습니다. 그러나 강의를 하다 보면, 생성형 AI에 관심을 가지고 배우려던 선생님들도 실습 단계에서 주저하는 경우가 많습니다.

"잘못 사용하면 큰일 나는 거 아닌가요?"

"이게 정말 학생들에게 도움이 될까요?"

이런 고민 끝에 결국 "그냥 안 쓰는 게 속 편하겠어요."라는 결론에 이르기도 합니다.

- · 생성형 AI 활용을 어려워하는 선생님
- · 변화의 속도가 너무 빨라 어디서부터 시작해야 할지 막막한 선생님
- · 생성형 AI가 수업에 어떤 도움을 줄지 확신이 없는 선생님
- · 생성형 AI를 배웠지만 실제 수업에서 어떻게 적용해야 할지 어려움을 느끼는 선생님

이러한 고민을 하는 교사들이 현장에는 많습니다.

이 책은 그런 선생님들의 고민을 덜어드리기 위해 생성형 AI를 수업에 쉽게 적용할 수 있도록 돕는 기초 안내서입니다. 디지털 기술이 낯설게 느껴지는 분들, 생성형 AI 활용에 부담을 느끼는 분들을 위해 준비했습니다. 생성형 AI는 어렵고 복잡한 기술이 아니라 쉽고 재미있게 활용할 수 있는 유용한 도구라는 점을 알려드리고 싶습니다. 빠르게 배우고 싶은 분들도, 한 걸음씩 조심스럽게 시작하고 싶은 분들도 부담 없이 접근할 수 있도록 내용을 구성했습니다.

이 책에서는 생성형 AI 프롬프트 작성법, 수업 설계, 학습 활동지 제작, AI 도구 활용법 등을 초보자도 쉽게 따라 할 수 있도록 단계별로 정리했습니다. 또한 생성형 AI를 활용해 학습 효과를 높이는 수업 설계 방법을 제시하여 단순히 도구를 익히는 것을 넘어 실제 수업에 적용할 수 있도록 돕고자 합니다.

책에서 소개하는 생성형 AI 도구들은 모두 실제 수업에서 활용하며 효과를 검증한 것들입니다. 단순한 사용법 설명을 넘어서, 선생님들이 생성형 AI를 활용해 학생들과 함께 주도적이고 창의적인 학습 경험을 만들어 갈 수 있도록 다양한 실습 활동도 담았습니다. 특히 생성형 AI를 활용한 수업 사례는 학생들과 함께 실천하며 정리한 내용으로 교과 연계 및 통합을 중심으로 구성했습니다.

이 책이 생성형 AI 활용의 문턱을 낮추고, 선생님들이 학생들과 함께 새로운 학습을 시도하는 데 도움이 되는 친절한 길잡이가 되기를 바랍니다.

아울러 이 책을 통해 생성형 AI가 수업에서 실질적인 도움이 될 수 있음을 경험하고, 선생님들이 학생들과 함께 더욱 의미 있는 학습을 만들어 가기를 기대합니다.

저자 김종혜

차례

CHAPTER

# 인공지능

SECTION

# 01 인공지능의 이해

인공지능<sup>AI</sup>은 컴퓨터 시스템이 인간의 지능을 모방해 작업을 수행하도록 하는 기술입니다. 인공지능은 주로 머신러닝과 딥러닝 알고리즘을 통해 데이터를 학습하고 패턴을 인식하며 예측을 수행합니다. 인공지능은 컴퓨터 비전, 음성 인식, 자연어 처리, 생성 등 다양한 분야에서 활용되고 있습니다.

- **인공지능**AI, Artificial Intelligence : 컴퓨터가 인간처럼 사고하고 문제를 해결하는 기술을 포함합니다. 이는 인간의 지능인 탐색, 추론, 학습 등을 모방하여 컴퓨터가 인식, 판단, 행동할 수 있도록 구현한 소프트웨어입니다. 인공지능 기술은 의료, 금융, 제조, 서비스 등 다양한 산업 분야에 적용되어 혁신을 이끌고 있습니다.

- **머신러닝**ML, Machine Learning : 컴퓨터가 명시적인 프로그래밍 없이 데이터를 학습하고 패턴을 인식하여 예측을 수행하는 기술입니다. 이는 대량의 데이터를 분석하여 패턴을 인식하고, 이를 통해 새로운 데이터를 예측하는 능력을 갖추게 합니다. 예를 들어, 머신러닝은 이메일 스팸 필터링, 추천 시스템, 금융 사기 탐지 등에 사용됩니다.

- **딥러닝**DL, Deep Learning : 인공신경망 방식을 통해 복잡한 패턴을 학습하고 예측을 수행하는 기술입니다. 이는 심층신경망을 사용하여 높은 수준의 데이터 분석과 예측을 가능하게 합니다. 특히 딥러닝은 음성 인식, 이미지 인식, 자연어 처리 등에서 탁월한 성능을 발휘합니다.

▶ 인공지능, 머신러닝, 딥러닝

https://www.korl.or.kr/webzine/100/sub2.html

S E C T I O N

# 02 | 인공지능 분야

- **컴퓨터 비전**Computer Vision : 이미지나 영상을 분석하여 의미있는 정보를 추출하고 분석하는 분야입니다. 예를 들어, 자율주행 자동차는 객체 탐지와 세그먼테이션 기술 등을 활용하여 주변 환경을 인식하고 반응합니다. 이러한 기술은 보안 시스템, 의료 영상 분석, 제조업의 품질 관리 등에서도 활용됩니다.

▸ 객체 탐지 (자율주행 자동차)

▸ 포즈 랜드마크 탐지
(쓰러진 사람 찾기)

https://m.khan.co.kr/science/science-general/article/202111172046005#c2b ©ETRI

- **자연어 처리** NLP; Natural Language Processing **:** 컴퓨터가 사람이 사용하는 언어인 자연어를 이해하고 처
리하는 기술입니다. 이 기술은 번역, 인공지능 챗봇, 텍스트 분석 등에 활용됩니다. 구글 번역기나
시리 같은 인공지능 비서 등도 자연어 처리 기술이 사용됩니다.

▸ 구글 번역

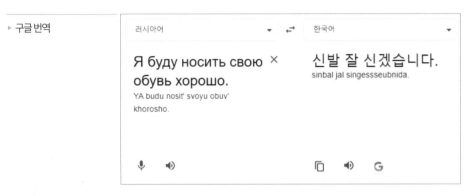

▸ AI 챗봇

https://www.hankyung.com/article/2023101061861

**잠깐**

### 대규모 언어 모델(LLM; Large Language Model)이란?

대규모 데이터셋을 기반으로 학습된 자연어 처리 모델로, 방대한 양의 텍스트 데이터를 이해하고
생성할 수 있게 합니다. 이 모델은 다양한 언어 처리 작업에서 높은 성능을 보여주며, 자연어 생성,
번역, 요약 등 여러 응용 분야에 활용됩니다. 예를 들어, 챗(Chat)GPT는 텍스트 생성을 포함한
다양한 언어작업에 사용됩니다.

- **AI 음성 인식:** 음성을 분석하여 텍스트로 변환하고, 이를 기반으로 의미를 이해하는 자연어 처리 기술과 결합될 수 있습니다. 이는 스마트폰의 음성 비서(예 Siri, Google Assistant), 자동차의 음성 제어 시스템, 자동 통역기, 콜센터의 자동 응답 시스템, 청각 장애인을 위한 자막 생성 등에 사용됩니다.

▸ 시리(Siri) 음성 서비스

https://www.apple.com/kr/siri/

- **생성형 AI(Generative AI):** 텍스트, 이미지, 음악 등 콘텐츠를 생성하고 변형하는데 사용하는 기술입니다. 이 기술은 주어진 입력 데이터를 학습하여 새로운 데이터를 생성하는 능력을 갖추고 있습니다.

▸ GAN
(눈 감은 이미지 교정하기)

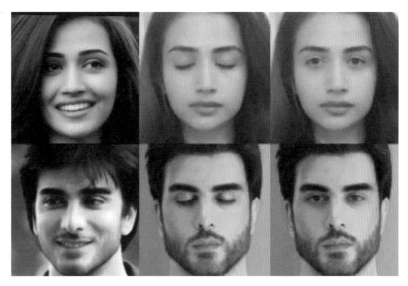

https://zdnet.co.kr/view/?no=20180618093427

CHAPTER

# 02

# 생성형 AI

SECTION

# 01 생성형 AI의 이해

생성형 AI<sup>Generative AI</sup>는 다양한 형태의 콘텐츠를 자동으로 생성하는 인공지능 기술을 말합니다. 사용자의 입력에 따라 텍스트, 이미지, 음악, 비디오 등을 생성하며, 여러 분야에서 활용되고 있습니다.

예를 들어, 달리<sup>DALL-E</sup>는 텍스트를 기반으로 이미지를 생성하고, 수노<sup>Suno</sup>는 음악을 작곡하며, ChatGPT는 대화와 글쓰기를 도와줍니다. 이러한 발전 덕분에 더 다양한 창의적 작업이 가능해졌습니다.

### 다양한 콘텐츠를 만드는 생성형 AI

특정한 유형의 콘텐츠만 생성하는 생성형 AI 플랫폼도 있지만, 점차 발전하면서 이미지뿐만 아니라 음악, 동영상 등 다양한 형태의 콘텐츠도 생성할 수 있게 되었습니다. 예를 들어, 캔바(Canva)는 이제 단순한 이미지 생성뿐만 아니라 음악과 동영상 생성도 지원하여 더 폭넓은 창작 활동을 가능하게 합니다. 이렇게 다양한 형태의 콘텐츠를 생성할 수 있는 기능은 점차 많은 플랫폼으로 확대되고 있습니다.

아래의 구분은 주로 많이 생성하는 콘텐츠 위주로 구분한 것이므로, 캔바(Canva)처럼 여러 종류의 콘텐츠를 생성하는 플랫폼도 많으니 참고하세요.

## ① 텍스트 생성 AI

텍스트 생성 AI는 인간의 언어를 분석하고 패턴을 학습하여 질문에 답하거나 텍스트를 생성하는 인공지능으로, 주로 대화, 글쓰기, 번역, 요약 등의 작업에 활용되며 교육, 콘텐츠 작성, 고객 지원 등 다양한 분야에서 사용됩니다. 자연스러운 문맥을 유지하면서도 효율적으로 대화를 처리하고 콘텐츠를 생성하는 것이 특징입니다.

[7장: 생성형 AI의 프롬프트로 문제 해결 학습하기] 에서 **텍스트 생성 AI**를 활용한 수업을 소개하고 있어요.

### 1 ChatGPT

ChatGPT는 OpenAI에서 개발한 멀티모달 AI 모델입니다. GPT^Generative Pre-trained Transformer^라는 기술을 기반으로 하며, 대량의 텍스트 데이터를 학습하여 인간처럼 자연스럽게 대화하고, 다양한 질문에 답하거나 창의적인 글을 작성할 수 있습니다. 이 ChatGPT는 생성뿐만 아니라 검색 기능까지 제공하고 있습니다.

▶ ChatGPT

> 중학교 1학년 학생들에게 인공지능 기술을 활용한 체육 수업을 설계해줘.

🌀 메모리 업데이트됨

중학교 1학년 학생들을 대상으로 인공지능 기술을 활용한 체육 수업을 다음과 같이 설계해 보겠습니다. 이 수업은 학생들이 체육 활동과 인공지능의 원리를 동시에 이해할 수 있도록 구성되어 있습니다.

**수업 목표**

- 인공지능 기술이 체육 분야에 어떻게 적용되는지 이해한다.
- 학생들이 자신의 운동 데이터를 분석하고 피드백을 받을 수 있도록 한다.
- 운동 성과를 개선하기 위한 방법을 탐구하고 적용해본다.

**수업 구성**

1. **도입 (10분)**
   - **인공지능 소개**: 인공지능이 무엇인지 간단하게 설명하고, 체육 분야에서 어떻게 활용되고 있는지 사례를 제시합니다. 예를 들어 운동 트래커 앱, 스마트 워치의 기능, 운동 분석 소프트웨어 등을 언급합니다

↓

### 2 클로드

Anthropic에서 개발한 AI 모델로, 윤리적이고 안전한 대화형 인공지능을 목표로 하고 있습니다. ChatGPT와 유사하게 자연어를 처리하며, 특히 클로드 아티팩트<sup style="font-size:smaller">Claude Artifacts</sup>는 Claude AI가 생성한 콘텐츠를 별도의 창에 표시하여 사용자가 실시간으로 확인하고 수정할 수 있게 해 주는 기능입니다.

### 3 뤼튼

한국의 스타트업 라이트브레인에서 개발한 AI 글쓰기 도구입니다. 한국어에 특화되어 있으며, 다양한 글쓰기 작업을 지원합니다. 비즈니스 문서부터 창작까지 폭넓은 글쓰기 기능을 제공합니다.

### 4 코파일럿

마이크로소프트의 다양한 생산성 도구에 통합된 생성형 AI로, Word, Excel, PowerPoint뿐만 아니라 다양한 마이크로소프트 생산성 도구와 통합되어 사용될 수 있습니다. 코파일럿<sup style="font-size:smaller">Copilot</sup>은 코드 생성에도 뛰어난 성능을 보여주며 Bing 검색 엔진과 결합하여 사용자의 질문에 더욱 풍부한 답변과 콘텐츠 생성을 지원합니다.

### 5 제미나이

구글에서 개발한 멀티모달 AI 모델입니다. 텍스트, 이미지, 오디오 등 다양한 형태의 정보를 이해하고 처리하며, 이를 바탕으로 창의적인 콘텐츠를 생성하거나 복잡한 문제를 해결할 수 있습니다.

**멀티모달(Multimodal)**

멀티모달의 멀티(Multi)는 여러 가지의, 모달(Modal)은 양식, 방식이라는 뜻으로, 멀티모달은 텍스트, 이미지, 음성 등 다양한 형태의 정보를 동시에 처리하고 이해할 수 있는 기술을 의미합니다. 이를 통해 단순히 텍스트만 이해하는 것이 아니라 이미지를 보고 설명하거나, 음성 명령을 수행하는 등 더욱 다양하고 복합적인 작업을 수행할 수 있습니다.

### 6  퍼플렉시티

텍스트 생성 AI 검색 도구로, 사용자의 질문에 대해 직접 답변을 생성하는 데 초점을 맞춥니다. 퍼플렉시티Perplexity는 검색 결과를 기반으로 하여 답변을 생성하고, 출처 링크를 포함시켜 신뢰성을 제공합니다. 이는 사용자가 더 깊이 있는 자료를 탐색할 수 있도록 돕는 기능입니다.

[3장: AI 도구로 학습자료 만들기], [5장: AI 마인드맵으로 브레인스토밍하기]에서 **퍼플렉시티**를 활용한 수업을 소개하고 있어요.

▶ 퍼플렉시티(Perplexity)

# 비빔밥에 들어가는 육류와 채소가 탄소 배출량에 미치는 영향의 차이는?

**Sources**

| [V팩트체크] 해산물은 육류에 비해 탄소발자국이 적을까? - 비건뉴스 | 고기 많은 식단, 온실가스 최대 4배 많다…옥스퍼드대 연구 보니 | "푹 끓일수록 온실가스 늘어난다" 한식의 탄소발자국 현실 - 비건뉴스 | G J |
|---|---|---|---|
| vegannews.co · 1 | J joongang.co · 2 | vegannews.co · 3 | View 5 more |

**Perplexity**

비빔밥의 재료 구성에 따른 탄소 배출량의 차이는 상당할 수 있습니다.

**육류와 채소의 탄소 발자국 비교**

육류, 특히 소고기는 채소에 비해 훨씬 높은 탄소 발자국을 가집니다. 소고기는 1kg 생산 시 약 20-40kg의 이산화탄소를 배출하는 반면 2, 채소류의 탄소 발자국은 이에 비해 현저히 낮습니다.

### 7  빙

마이크로소프트의 빙Bing은 검색 엔진으로 OpenAI의 GPT 기술을 결합해 자연어 처리, 이미지 인식, 생성 등의 기능을 제공합니다. Bing은 질문에 대한 요약 정보와 인사이트를 제공하고, 필요한 경우 추가적인 링크나 자료도 함께 제시합니다.

### 8  미조우

미조우Mizou는 교육 분야에 특화된 생성형 AI 플랫폼으로, 맞춤형 교육용 챗봇을 쉽게 만들 수 있도록 지원합니다. 이를 통해 학생들은 개인별 맞춤 학습 경험을 향상할 수 있습니다.

[7장: 생성형 AI의 프롬프트로 문제 해결 학습하기]에서 AI 챗봇을 활용한 수업을 소개하고 있어요.

| 플랫폼 | 설명 | 웹 사이트 |
|---|---|---|
| ChatGPT | 질문에 대한 답변 및 텍스트 생성, 검색 기능을 제공하는 AI | https://chat.openai.com/ |
| 클로드(Claude) | 윤리적이고 공정한 대화형 AI | https://claude.ai/ |
| 뤼튼(Wrtn) | 콘텐츠 작성 및 글쓰기에 특화된 AI | https://wrtn.ai/ |
| 코파일럿(Copilot) | 마이크로소프트의 다양한 생산성 도구에 통합된 생성형 AI | https://copilot.cloud.microsoft/ |
| 제미나이(Gemini) | 구글에서 개발한 멀티모달 AI 모델 | https://gemini.google.com/ |
| 퍼플렉시티(Perplexity) | 사용자의 질문에 대해 직접 답변을 생성하고, 출처 링크를 포함하는 AI 검색 도구 | https://www.perplexity.ai |
| 빙(Bing) | AI 언어 모델을 통합하여 사용자에게 요약 정보와 링크를 제공하는 검색 엔진 | https://www.bing.com |
| 미조우(Mizou) | 맞춤형 교육용 챗봇을 만드는 생성형 AI 플랫폼 | https://mizou.com |

> **NOTE** **생성형 AI 사용 시 알아두면 유용한 용어**
>
> **프롬프트(Prompt):** 사용자가 AI에게 질문이나 요청을 할 때 입력하는 텍스트입니다. ChatGPT는 이 프롬프트를 바탕으로 응답을 생성합니다.
>
> **컴플리션(Completion):** ChatGPT와 같은 언어 모델이 사용자의 프롬프트(입력)에 따라 문장이나 답변을 완성하는 과정을 의미합니다. 사용자가 "The capital of France is"라고 입력하면, 모델은 컴플리션을 통해 "Paris."라고 답을 완성합니다.
>
> **할루시네이션(Hallucination):** AI 모델이 실제로는 존재하지 않거나 부정확한 정보를 생성하는 현상을 말합니다. 사용자가 특정 역사적 사실을 묻는 질문을 했을 때 모델이 실제로 존재하지 않는 사건이나 잘못된 날짜를 제시하는 경우가 할루시네이션입니다.
>
> **맥락(Context):** 주어진 상황이나 대화에서 배경이 되는 정보를 의미합니다. ChatGPT는 대화의 흐름과 이전에 주고받은 내용을 바탕으로 응답을 생성합니다. 긴 대화에서는 모델이 이전 메시지들을 기억하고 그에 맞춰 응답을 해야 하기 때문에 맥락이 매우 중요합니다. 사용자가 "그건 어디서 일어났어?"라고 질문할 때, 이전 대화에서 무슨 사건을 이야기했는지에 대한 맥락을 기억해야 정확한 답을 줄 수 있습니다.

## ② 이미지 생성 AI

이미지 생성 AI는 사용자의 텍스트 설명을 기반으로 독창적인 이미지를 자동으로 생성하는 인공지능입니다. 창의적인 비주얼을 자동으로 생성해 디자이너나 콘텐츠 제작자의 생산성을 크게 높입니다.

### 1 달리(DALL-E)

OpenAI의 텍스트-이미지 생성 모델로, 설명을 바탕으로 독창적인 이미지를 만듭니다.

[5장 : AI 마인드맵으로 브레인스토밍하기]에서 **이미지 생성 AI**를 활용한 수업을 소개하고 있어요.

### 2 미드저니(MidJourney)

예술적인 스타일의 이미지를 생성하는 도구로, 특히 예술가와 디자이너들에게 인기가 많습니다.

### 3 스테이블 디퓨전(Stable Diffusion)

오픈소스 기반의 이미지 생성 AI로, 사용자가 다양한 이미지 스타일을 생성할 수 있습니다.

### 4 캔바(Canva)

사용자가 손쉽게 그래픽 디자인을 할 수 있도록 돕는 온라인 디자인 도구입니다. 템플릿 기반의 직관적인 인터페이스를 제공하여, 전문적인 디자인 기술 없이도 다양한 그래픽 콘텐츠를 제작할 수 있도록 지원합니다. 캔바에 생성형 AI 기능이 추가되어서 텍스트-이미지 생성, 배경 제거 및 이미지 편집 등 다양한 기능들을 제공하고 있습니다.

[3장 : AI 도구로 학습 자료 만들기], [5장 : AI 마인드맵으로 브레인스토밍하기]에서 **캔바**(Canva)를 활용한 수업을 소개하고 있어요.

| 플랫폼 | 설명 | 웹 사이트 |
|---|---|---|
| 달리(DALL-E) | 설명을 바탕으로 독창적인 이미지를 만듦. | https://openai.com/dall-e |
| 미드저니 (MidJourney) | 예술적인 스타일의 이미지를 생성하는 도구 | https://www.midjourney.com |
| 스테이블 디퓨전 (Stable Diffusion) | 사용자가 다양한 이미지 스타일을 생성할 수 있음. | https://stablediffusionweb.com |
| 캔바(Canva) | 생성형 인공지능을 활용해 텍스트 설명으로 이미지를 자동 생성하고 디자인 작업을 쉽게 할 수 있음. | https://www.canva.com |

▶ 달리(DALL-E)

중학교 학생이 교실에 들어갈 때 안면 인식 기술을 사용하여 출석 체크를 하는 장면을 애니메이션 스타일로 그려 줘.

▶ 캔바(Canva)

친환경 주택, 3층 목조 주택, 태양광 설치, 전기차 충전소 포함

## ③ 음악 생성 AI

음악 생성 AI는 텍스트 입력이나 스타일 선택을 통해 음악을 자동으로 생성합니다.

### 1 수노(Suno)

AI를 이용해 음악을 자동으로 생성하는 플랫폼으로, 텍스트 입력이나 스타일 선택을 통해 음악을 만들어 냅니다. 사용자의 요구에 맞는 맞춤형 음악 생성이 가능합니다.

[4장 : 음악 생성 AI를 이용해 학습에 리듬 타기]에서 **수노** (Suno)를 활용한 수업을 소개하고있어요.

### 2 우디오(Udio)

AI 기반 음악 생성 플랫폼으로, 사용자가 손쉽게 맞춤형 음악 트랙을 제작할 수 있도록 도와줍니다. 다양한 분위기, 스타일, 장르에 맞춰 고품질의 저작권 문제 없는 음악을 생성하며, 동영상 콘텐츠, 팟캐스트, 창작 프로젝트 등에 활용할 수 있습니다.

▷ 수노(Suno)

▷ 우디오(Udio)

| 플랫폼 | 설명 | 웹 사이트 |
|---|---|---|
| **수노** Suno | AI를 이용해 음악을 자동으로 생성하는 플랫폼으로, 텍스트 입력이나 스타일 선택을 통해 맞춤형 음악을 만들 수 있음. | https://www.suno.ai |
| **우디오** Udio | AI를 활용해 다양한 분위기와 스타일의 맞춤형 음악을 생성하는 플랫폼 | https://www.udio.com/ |

## ④ 아이디어 정리 AI

아이디어를 시각적으로 구조화하는 데 도움을 주는 AI 도구입니다.

### 1 깃마인드(GitMind)

AI를 활용한 마인드맵 생성 도구로, 중심 주제를 바탕으로 연관된 아이디어를 자동으로 생성합니다. 아이디어를 시각적으로 구조화하여 정리해 줍니다.

> [5장 : AI 마인드맵으로 브레인스토밍하기]에서 **깃마인드**(GitMind)를 활용한 수업을 소개하고 있어요.

▶ 깃마인드(GitMind)

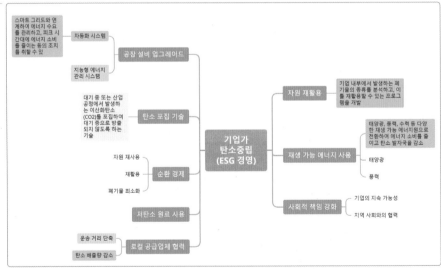

### 2 윔지컬(Whimsical)

문서 작성뿐만 아니라 플로 차트, 마인드맵, 와이어 프레임과 같은 아이디어를 자동으로 생성해 줍니다.

## 3 냅킨 AI(Napkin AI)

아이디어를 빠르게 시각화할 수 있도록 도와주는 AI 도구입니다. 사용자가 간단한 스케치나 노트를 작성하면, 이를 기반으로 구체적인 다이어그램이나 시각 자료로 변환해 줍니다. 복잡한 아이디어나 개념을 더 명확하고 이해하기 쉽게 표현할 수 있도록 지원하는 것이 특징입니다.

▶ 냅킨 AI(Napkin AI)

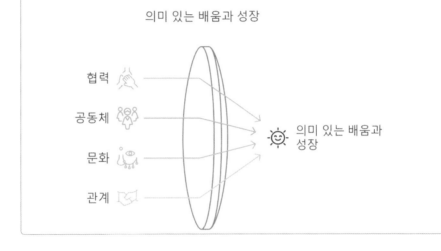

교과 간 연계와 통합 수업을 성공적으로 실행하기 위해서는 한 명의 뛰어난 교사의 능력과 역량 보다는 동료 교사들과의 긴밀한 협력과 실천이 필요합니다. 학교 내 교육 공동체가 활성화되고, 협력하는 문화와 관계성이 깊어질수록 학생들은 더욱 의미 있는 배움과 성장을 경험할 수 있을 것입니다.

의미 있는 배움과 성장

협력
공동체
문화
관계
→ 의미 있는 배움과 성장

| 플랫폼 | 설명 | 웹 사이트 |
|---|---|---|
| 깃마인드<br>GitMind | AI를 활용해 마인드맵을 자동으로 생성하고 아이디어를 시각적으로 구조화하는 도구 | https://gitmind.com |
| 윔지컬<br>Whimsical | 플로 차트, 마인드맵, 와이어 프레임 등 다양한 아이디어를 자동으로 생성하는 도구 | https://whimsical.com |
| 냅킨 AI<br>Napkin AI | 아이디어를 빠르게 다이어그램이나 시각 자료로 변환하는 AI 도구 | https://napkin.one |

## ⑤ 학습 지원 AI

학습 지원 AI는 교사와 학습자 모두를 위한 학습 과정에서의 지원 기능(자료 제작, 피드백 제공)을 제공하는 인공지능입니다. 이러한 기술은 문서 작성, 프레젠테이션 디자인, 시각 자료 생성 등 여러 분야에서 작업의 효율성을 크게 향상시키고 있습니다.

> [6장. 생성형 AI로 발표 자료 개발 및 피드백하기]에서 발표 자료 개발 및 피드백을 통해 학습 효과를 높이는 수업을 소개하고 있어요.

### 1 감마(Gamma)

프레젠테이션 제작을 돕는 AI 도구로, 사용자가 텍스트나 데이터를 입력하면 자동으로 슬라이드를 디자인하고 레이아웃을 최적화해 줍니다. 프레젠테이션, 문서, 웹 페이지 등의 형식을 손쉽게 만들 수 있도록 도와주는 것이 특징입니다.

▶ 감마(Gamma)

### 2 브리스크 티칭(Brisk Teaching)

교육자를 위한 AI 기반 학습 플랫폼입니다. 이 플랫폼은 구글 슬라이드 생성뿐 아니라 퀴즈를 만들어 주며 학습자의 활동과 성과를 분석하여 맞춤형 피드백과 학습 성찰을 제공하는 데 중점을 둡니다.

| 플랫폼 | 설명 | 웹 사이트 |
|---|---|---|
| 감마<br>Gamma | 프레젠테이션과 문서 제작을 자동으로 디자인하고 최적화하는 AI 도구 | https://gamma.app |
| 브리스크 티칭<br>Brisk Teaching | 교육자를 위해 학습 활동 분석과 맞춤형 피드백을 제공하는 AI 기반 학습 플랫폼 | https://briskteaching.com |

SECTION

# 02 | 효과적인 AI 프롬프트 작성법

생성형 AI가 주는 결과는 사용자가 입력하는 프롬프트에 따라 크게 달라집니다. 효과적인 프롬프트 작성은 AI와의 소통을 명확하게 하며, 원하는 결과를 얻는 데 중요한 역할을 합니다.

## ① 프롬프트 작성의 기본 원칙

프롬프트를 작성할 때, ChatGPT와 같은 AI가 정확하고 유용한 응답을 제공할 수 있도록 하는 몇 가지 기본 원칙이 있습니다. 잘 작성된 프롬프트는 모델의 성능을 극대화하고 원하는 정보를 효율적으로 얻을 수 있게 도와줍니다. 다음은 프롬프트 작성의 기본 원칙입니다.

### 명확하고 구체적인 질문 작성

질문이 명확하고 구체적일수록 AI가 더 정확한 답변을 제공합니다. 애매하거나 모호한 질문은 불확실한 응답을 초래할 수 있습니다.

- **부정확한 예시:** 날씨 어때?
- **정확한 예시:** 최근 5년간 한국의 경제 성장률을 알려 줘.

### 맥락(Context) 제공

프롬프트에 충분한 배경 정보를 제공하면 AI가 더 적절한 답을 제시할 수 있습니다. 필요한 배경을 명시하는 것이 중요합니다.

- **간결한 질문:** 혁신적인 마케팅 아이디어를 제시해 줘.
- **맥락 포함:** 스타트업에서 사용할 수 있는 혁신적인 마케팅 아이디어를 제시해 줘. 예산은 적고, 소셜 미디어를 활용한 접근법을 원해.

## 단계별 요청

복잡한 질문이나 작업일 경우 한 번에 여러 가지를 요청하기보다 단계별로 나누어 질문하는 것이 좋습니다.

- **복잡한 질문:** 프랑스 혁명과 산업 혁명의 차이점, 그리고 그들이 현대 사회에 미친 영향에 대해 설명해 줘.

- **단계별 질문:** 프랑스 혁명과 산업 혁명의 차이점을 설명해 줘. → 두 혁명이 현대 사회에 미친 영향을 설명해 줘.

## 예시 포함

원하는 답변 형식이나 내용을 명확히 하기 위해 예시를 포함하면 도움이 됩니다. 이렇게 하면 AI가 기대하는 방향으로 응답을 더 잘 조정할 수 있습니다.

 중학교 1학년 학생이 이해할 수 있도록 '기후 변화의 원인'을 간단히 설명해 줘. 예: 온실가스 배출 증가로 지구 온도가 상승함.

## 구체적인 형식 요구

응답이 특정 형식으로 작성되길 원할 경우, 그 형식을 명확히 요청하는 것이 좋습니다. 이를 통해 AI가 원하는 방식으로 정보를 제공하게 할 수 있습니다.

 회의록을 작성해 줘. 아래 형식을 따랐으면 좋겠어: 제목, 참석자, 주요 논의 사항, 결론

## 피드백과 요청 반복

첫 번째 시도에서 정확한 답을 얻지 못한 경우, 프롬프트를 조정하고 피드백을 통해 원하는 답변을 다시 요청할 수 있습니다. 모델의 응답을 개선하는 데 도움이 됩니다.

 이 부분을 더 구체적으로 설명해 줄 수 있어?

이러한 원칙들을 따르면, ChatGPT가 더 효율적이고 정확하게 응답을 생성할 수 있으며, 사용자로서 원하는 정보를 더 쉽게 얻을 수 있습니다.

| 항목 | 설명 | 부정확한 예시 | 정확한 예시 |
|---|---|---|---|
| 명확하고 구체적인 질문 작성 | 질문이 명확하고 구체적일수록 AI가 더 정확한 답변을 제공함. 애매한 질문은 불확실한 응답을 초래할 수 있음. | 날씨 어때? | 최근 5년간 한국의 경제 성장률을 알려 줘. |
| 맥락(Context) 제공 | 프롬프트에 배경 정보를 충분히 제공하면 AI가 더 적절한 답을 제시할 수 있음. | 혁신적인 마케팅 아이디어를 제시해 줘. | 스타트업에서 사용할 수 있는 혁신적인 마케팅 아이디어를 제시해 줘. 예산은 적고, 소셜 미디어를 활용한 접근법을 원해. |
| 단계별 요청 | 복잡한 질문은 한 번에 여러 가지를 묻기보다 단계별로 나누어 요청하는 것이 좋음. | 프랑스 혁명과 산업 혁명의 차이점, 그리고 그들이 현대 사회에 미친 영향에 대해 설명해 줘. | 프랑스 혁명과 산업 혁명의 차이점을 설명해 줘.<br>→ 두 혁명이 현대 사회에 미친 영향을 설명해 줘. |
| 예시 포함 | 원하는 답변 형식이나 내용을 명확히 하기 위해 예시를 포함하면 도움이 됨. | 기후 변화의 원인을 설명해 줘. | 중학교 1학년 학생이 이해할 수 있도록 '기후 변화의 원인'을 간단히 설명해 줘. 예: 온실가스 배출 증가로 지구 온도가 상승함. |
| 구체적인 형식 요구 | 응답이 특정 형식으로 작성되길 원할 경우, 그 형식을 명확히 요청하는 것이 좋음. | 간단하게 보고서 작성해 줘. | 회의록을 작성해 줘. 아래 형식을 따랐으면 좋겠어 : 제목, 참석자, 주요 논의 사항, 결론 |
| 피드백과 요청 반복 | 첫 번째 시도에서 정확한 답을 얻지 못하면 프롬프트를 조정하고 피드백을 통해 다시 요청할 수 있음. | 모두 잘못된 것 같아. | 이 부분을 더 구체적으로 설명해 줄 수 있어? |

▲ 프롬프트 작성 원칙

## ② 효과적인 프롬프트의 주요 요소

프롬프트를 작성 시 고려해야 할 주요 요소들이 있습니다. 각 요소는 작업의 목적, 대상, 그리고 요청 사항을 명확히 정의하는 데 도움을 주며, 이를 통해 AI의 성능을 최대로 이끌어 낼 수 있습니다. 이러한 요소들을 이해하고 적용함으로써 보다 효율적이고 정확한 작업 수행이 가능해집니다.

### 1 역할(Role)

요청 사항을 수행하는 사람이나 대상의 직업, 직무 또는 책임을 정의하는 항목입니다. 이 요소는 요청을 수행할 사람이 어떤 역할을 맡고, 어떠한 관점에서 작업을 해야 하는지를 명확히 합니다. 각 작업에서 필요한 관점은 다를 수 있으며, 이를 사전에 정의하는 것이 중요합니다.

> 예 작가, 교사, 마케터, 개발자, 디자이너 등

### 2 대상(Target)

요청의 결과물이 누구를 위한 것인지 정의하는 요소입니다. 이 항목은 작업의 결과물이 전달될 대상이나 청중 또는 사용자 그룹을 명확히 지정합니다. 결과물의 목표는 작업의 방향성을 설정하는 중요한 요소입니다.

> 예 중학생, 대학생, 고객, 관리자, 어린이 등

작업을 시작하기 전에 대상을 명확히 정의하면 작업자는 어떤 방식으로 결과물을 전달해야 하는지, 어떤 스타일로 접근해야 할지를 더 잘 이해할 수 있습니다. 예를 들어, 고객을 대상으로 하는 마케팅 자료는 어린이를 대상으로 하는 교육 자료와 전혀 다른 스타일이 필요할 것입니다.

### 3 목적(Goal)

요청을 통해 달성하고자 하는 최종 목표와 결과를 명확히 정의하는 요소입니다. 이 항목은 요청의 의도와 목표를 분명하게 설정하여 작업자의 이해를 돕습니다. 목표는 요청의 방향을 결정하는 중요한 요소이기 때문에 반드시 구체적으로 정의되어야 합니다.

> 예 교육 자료 작성, 제품 판매 증가, 프로그램 개발, 사용자 경험 개선 등

목적이 명확하면 작업자는 작업의 목표를 이해하고 그에 맞는 전략을 세울 수 있습니다. 예를 들어, 사용자 경험 개선이 목적이라면 결과물은 사용자 피드백을 수집하고 분석하는 데 중점을 두어야 합니다.

### 4  기간(Duration, 시간)

결과물을 사용하는 데 걸리는 시간이나 결과물의 지속 시간을 작성합니다. 프롬프트의 '기간' 요소는 상황에 따라 필요할 수 있습니다.

> 예  1시간, 하루, 일주일, 한 달 등

### 5  맥락(Context)

요청이 이루어지는 배경이나 환경을 설명하는 요소입니다. 이 요소는 작업이 수행되는 특정 상황이나 조건을 정의하여 작업자가 결과물을 제작할 때 고려해야 할 배경 정보를 제공합니다. 요청이 수행되는 상황에 따라 작업 방식이 달라질 수 있습니다.

> 예  학습 환경, 마케팅 캠페인, 프로젝트 개발, 행사 준비 등

### 6  인스트럭션(Instruction)

작업을 수행하는 방법에 대한 구체적인 지침을 명확하게 제시하는 요소입니다. 작업을 수행하는 과정에서 필요한 절차, 방법, 형식 또는 사용해야 할 도구 등을 구체적으로 안내하여 작업이 올바르게 완료될 수 있도록 합니다.

> 예  제공된 형식을 따라 작성할 것, 주어진 내용을 포함할 것, 특정 도구를 사용하여 작업을 수행할 것, 작업을 100자 이내로 요약할 것 등

| 요소 | 설명 | 예시 |
|---|---|---|
| 역할<br>(Role) | 요청을 수행하는 사람의 직업, 직무 또는 책임을 정의함. 각 작업에서 필요한 관점을 명확히 함. | 작가, 교사, 마케터, 개발자, 디자이너 등 |
| 대상<br>(Target) | 요청의 결과물이 누구를 위한 것인지 정의함. 작업 결과물이 전달될 대상이나 청중을 명확히 지정 | 중학생, 대학생, 고객, 관리자, 어린이 등 |
| 목적<br>(Goal) | 요청을 통해 달성하고자 하는 최종 목표와 결과를 정의함. 요청의 의도와 목표를 분명히 설정 | 교육 자료 작성, 제품 판매 증가, 프로그램 개발 등 |
| 기간<br>(Duration) | 결과물을 사용하는 데 걸리는 시간이나 결과물의 지속 시간 | 1시간, 하루, 일주일, 한 달 등 |
| 맥락<br>(Context) | 요청이 이루어지는 배경이나 환경을 설명. 작업이 수행되는 특정 상황이나 조건을 정의함. | 학습 환경, 마케팅 캠페인, 프로젝트 개발 등 |
| 인스트럭션<br>(Instruction) | 작업 수행에 필요한 구체적인 지침. 작업을 어떻게 수행할지 명확하게 제시함. | 응답을 100자 이내로 작성하세요. 제공된 형식에 따라 제목, 주요 논의 사항, 결론으로 구성된 보고서를 작성하세요. |

⬩ 프롬프트 주요 요소

## ③ 프롬프트의 기술 방식

프롬프트 기술 방식은 정보를 더 효과적으로 전달하거나 특정 형식으로 답변을 생성하도록 인공지능을 유도하는 방식입니다. 질문을 던지거나 과제를 설정하여 보다 명확하고 효과적인 답변을 유도하는 역할을 합니다. 프롬프트의 기술 방식은 주어진 상황이나 목표에 따라 다양하게 적용되며, 각 방식은 학습자 또는 인공지능이 어떻게 정보를 처리하고 응답할지를 결정하는 중요한 요소입니다.

프롬프트 기술 방식에는 표, 글머리표로 정리하거나 단계별로 설명, 요약을 요청할 수 있습니다. 또한 2개 이상의 항목을 비교하거나 대조 또는 장단점을 나열해달라고 요청할 수 있습니다.

## 1 표로 정리하기

정보를 표 형태로 간결하게 정리해 제시하는 방식입니다. 이 방식은 복잡한 내용을 구조화하고 쉽게 이해할 수 있도록 도와줍니다.

 다음 주제에 대해 표로 정리해 줘.
다음 내용을 표로 정리하는데 요소, 설명, 예시 컬럼으로 만들어 줘.

## 2 글머리표로 정리하기

정보를 나열하는 방식으로, 계층적으로 정리하여 항목별로 나누어 보여주는 방식입니다. 목록을 통해 정보의 주요 포인트를 빠르게 파악할 수 있습니다.

 다음 주제에 대해 글머리표로 정리해 줘.

## 3 단계별로 설명하기

복잡한 작업이나 절차를 단계별로 설명하는 방식입니다. 특히 학습자에게 절차적인 내용을 설명할 때 유용하며, 단계별로 쉽게 따라 할 수 있도록 안내합니다.

 ○○○ 준비 방법을 단계별로 설명해 줘.

## 4 요약 요청하기

긴 텍스트나 복잡한 정보를 간결하게 요약하여 핵심 내용을 파악하게 하는 방식입니다. 이 방식은 핵심 포인트만을 간추리는 데 효과적입니다.

 500자 이내로 이 문서의 주요 내용을 요약해 줘.

## 5 비교 및 대조하기

2개 이상의 항목을 비교하거나 차이점을 대조하여 분석하는 방식입니다. 학습자가 두 가지 개념을 보다 명확히 이해할 수 있도록 도와줍니다.

 온라인 학습과 대면 학습의 차이점을 비교해 줘.

#### 6 예시 제공 요청하기

특정 주제나 개념에 대해 구체적인 예시를 요청하는 방식입니다. 이 방식은 개념을 더 쉽게 이해할 수 있도록 돕는 역할을 합니다.

 효과적인 시간 관리 방법에 대한 구체적인 예시를 들어 줘.

#### 7 역할(Role) 지정하기

특정 역할을 지정하고 그 역할에 맞는 답변을 생성하도록 유도하는 방식입니다. 역할을 통해 상황을 구체화하여 학습자의 상상력을 자극할 수 있습니다.

 당신이 교사라면, 학생에게 동기 부여를 하기 위해 어떤 방법을 사용할 것입니까?

#### 8 장단점 나열 요청하기

특정 주제의 장단점을 나열하도록 요청하는 방식입니다. 이 방식은 학습자가 다양한 관점을 생각해 보도록 도와줍니다.

 재택근무의 장단점을 나열해 줘.

#### 9 그림 그리기

그림이나 이미지를 생성하기 위해 사용됩니다.

 파인애플 모양의 테이블을 그려 줘.

복잡한 그림을 그리기 위해 프롬프트를 작성할 때에는 그림의 요소들을 명확하고 구체적으로 설명하면 좋습니다.

| 요소 | 설명 | 예시 |
|---|---|---|
| 대상 | 그림에 포함될 주요 객체나 인물 | 앨리스, 하얀 토끼 |
| 행동 또는 상태 | 대상이 무엇을 하고 있는지 또는 어떤 상태에 있는지 | 앨리스가 토끼를 따라가는 모습 |
| 배경 또는 환경 | 그림의 배경이나 환경을 설명 | 숲 속 길, 이상한 꽃과 큰 나무들 |
| 감정 또는 분위기 | 그림에서 느껴질 감정이나 분위기 | 신비롭고 환상적인 분위기 |
| 상세한 설명 | 필요한 경우 그림의 스타일, 색감, 세부적인 요소들을 설명 | 화려하고 생동감 있는 색감과 판타지적인 느낌 |

앨리스가 하얀 토끼를 따라가는 장면을 그려 줘. 앨리스는 푸른 드레스와 흰 앞치마를 입고 있으며, 놀란 표정으로 토끼를 쳐다보고 있어. 하얀 토끼는 조끼를 입고 시계를 들고 있으며, 급히 뛰어가는 모습이야. 배경은 숲 속 길이며, 주변에는 커다란 나무와 이상한 꽃들이 자라고 있어. 이 장면은 신비롭고 환상적인 분위기를 나타내야 해.

| 프롬프트 기술 방식 | 설명 | 예시 프롬프트 |
|---|---|---|
| 표로 정리하기 | 정보를 표 형식으로 정리하여 간결하게 나타냄 | 다음 주제에 대해 표로 정리해 줘. |
| 글머리표로 정리하기 | 정보를 글머리표로 나열해 정리 | 다음 주제에 대해 글머리표로 정리해 줘. |
| 단계별 설명 | 복잡한 작업을 단계별로 설명하여 이해를 돕는 방식 | ○○○ 준비 방법을 단계별로 설명해 줘. |
| 요약 요청 | 긴 텍스트나 정보를 간결하게 요약해 달라고 요청 | 500자 이내로 이 문서의 주요 내용을 요약해 줘. |
| 비교 및 대조 | 2개 이상의 항목을 비교하거나 대조하는 방식 | 온라인 학습과 대면 학습의 차이점을 비교해 줘. |
| 예시 제공 요청 | 설명할 때 구체적인 예시를 들어 달라고 요청 | 효과적인 시간 관리 방법에 대한 구체적인 예시를 들어줘. |
| 역할(Role) 지정 | 특정 역할을 지정하고 그 역할에 맞는 답변을 생성하도록 요청 | 당신이 교사라면, 학생에게 동기 부여를 하기 위해 어떤 방법을 사용하겠습니까? |
| 장단점 나열 요청 | 특정 주제의 장단점을 나열하도록 요청 | 재택근무의 장단점을 나열해 줘. |
| 그림 그리기 | 그림이나 이미지를 생성하기 위해 요청 | 레몬 스타일의 의자를 그려 줘. |

▲ 프롬프트 기술 방식

SECTION
# 03 | 프롬프트로 그림 그리기

텍스트 생성 AI 중에는 텍스트 처리뿐 아니라 이미지 생성까지 가능한 플랫폼이 많습니다.

## ① 간단한 그림 그리기

프롬프트로 간단하게 인스트럭션만 작성하면 그림을 그려 줍니다. 예를 들어, 어린왕자와 여우, 장미와 관련된 그림을 그리고 싶다면 "~그려 줘."라고 작성하면 됩니다.

> 🔷 행성 위에 어린왕자와 여우가 유리병 안에 장미꽃을 바라보고 있는 그림을 그려 줘.

## ② 4컷 만화 그리기

4컷 만화를 그리고 싶다면 AI에게 컷마다 장면을 설명해 달라고 하고, 4컷 만화를 그려 달라고 하면 됩니다.

예를 들어, AI의 공공성을 학생들에게 소개하고 싶어서 AI가 병원에서 어떻게 사용되는지를 4컷 만화로 그려 달라고 할 수 있습니다.

### 1  4컷 장면 설명하기

| | | |
|---|---|---|
| **프롬프트 요소** | **목적**<br>만화를 그리고자 하는 목적 | 4컷 만화로 그리고 싶어. |
| | **인스트럭션**<br>구체적인 요청 | 4컷 장면을 설명해 줘. |
| | **맥락**<br>상황에 대한 설명 | AI가 의사의 뇌 MRI 분석을 돕는 상황 |

 AI가 의사의 뇌 MRI 분석을 돕는 상황을 4컷 만화로 그리고 싶어. 4컷 장면을 설명해 줘.

**1컷**
- **배경:** 병원 영상 판독실
- **장면:** 의사가 컴퓨터 화면의 뇌 MRI 스캔을 진지하게 분석하는 모습
- **텍스트:** *"Analyzing brain MRI scan."*

**2컷**
- **배경:** 같은 의사, 하지만 AI 시스템이 활성화됨
- **장면:** 의사가 놀라며 화면을 바라보며 AI 분석 결과를 확인하는 모습
- **텍스트:** *"AI Analyzing brain MRI."*

**3컷**
- **배경:** AI 시스템이 본격적으로 뇌 MRI를 분석하는 과정
- **장면:** AI가 뇌 구조를 분석하며 특정 영역을 강조
- **텍스트:** *"Activating!"*

**4컷**
- **배경:** AI가 의심되는 영역을 강조 표시한 MRI 스캔 화면
- **장면:** AI가 분석 결과를 제공하고, 의사가 이를 확인하는 모습
- **텍스트:** *"Amazing AI Assistance."*

## 2 4컷 장면 그리기

4컷 설명이 마음에 든다면 바로 프롬프트를 추가하여 4컷 만화를 요청하세요.

 4컷 만화로 그려 줘.

이미지 생성 시 텍스트가 완벽하게 지원되지 않지만, 점차 향상될 것입니다.

# 04 프롬프트를 이용한 수업 설계하기

생성형 AI는 교사가 수업을 설계할 때 큰 도움을 줄 수 있는 도구입니다. 프롬프트를 통해 AI는 교사에게 맞춤형 자료, 예시, 활동 등을 제공하여 수업의 질을 높일 수 있습니다.

생성형 AI의 응답 품질은 프롬프트의 질에 달려 있습니다. 잘 작성된 프롬프트는 인공지능이 교사가 원하는 정보를 명확하고 구체적으로 제공하도록 합니다.

## 명확하고 구체적인 지시하기

생성형 AI는 프롬프트가 명확할수록 더 정확한 답변을 제공합니다.

 중학교 1학년 학생들을 위한 창의적인 영어 수업 활동 아이디어를 제시해 줘.

## 맥락 제공

배경 정보를 포함하면 더 적절한 답변을 이끌어 낼 수 있습니다.

 학습자가 감정 단어를 학습하는데 도움이 될 활동을 알려 줘. 활동은 학생들이 재미있게 참여할 수 있는 형태였으면 좋겠어.

## 단계별 요청

복잡한 작업일수록 단계별로 요청하는 것이 좋습니다.

 학생들이 자신이 학습한 감정 단어를 사용해 문장을 만들어 보는 활동을 설계해 줘.

 그 문장들을 나누고 피드백을 받을 수 있는 활동을 제안해 줘.

## 수업 설계를 위한 프롬프트 요소 및 예

| 요소 | 예 |
| --- | --- |
| **역할**<br>Role | 중학교 1학년 영어 교사 |
| **대상**<br>Target | 중학교 1학년 |
| **목적**<br>Goal | 감정 표현 학습 수업 설계 |
| **기간**<br>Duration | 1시간 |
| **인스트럭션**<br>Instruction | 학생활동 설명, 예시 제공하기 |

당신은 중학교 1학년 영어 교사입니다. 중학교 1학년 학생들을 대상으로 감정 표현 학습을 위한 수업을 설계해야 합니다. 학생들이 감정 단어를 배우고 문장으로 표현할 수 있도록 수업 활동을 설계해 주세요. 각 활동은 학생들이 쉽게 이해할 수 있도록 설명하고, 예시 문장을 제공해 주세요. 수업 시간은 1시간입니다.

---

### 중학교 1학년 영어 수업: 감정 표현 학습 (1시간 수업 계획)

**수업 목표**

- 감정을 나타내는 영어 단어(예: happy, sad, angry, excited)를 익힌다.
- 감정을 표현하는 문장을 만들어 말할 수 있다.
- 자신의 감정을 적절한 문장으로 표현하고, 친구들과 대화할 수 있다.

### 수업 개요

| 단계 | 활동 내용 | 시간 |
| --- | --- | --- |
| 도입 | 감정 표현 워밍업 게임 | 10분 |
| 전개1 | 감정 단어 학습 및 표현 연습 | 15분 |
| 전개2 | 감정 표현 문장 만들기 활동 | 15분 |
| 정리 | 감정 표현 역할극 및 피드백 | 15분 |

---

### 1. 도입: 감정 표현 워밍업 게임 (10분)

**활동: "이모지 감정 맞히기"**

1. 교사는 다양한 이모지를 PPT 또는 카드로 준비한다. (😄, 😊, 😠, 😫 등)
2. 학생들에게 이모지를 보여주고, 해당 감정이 무엇인지 영어로 맞히게 한다.
3. 예시 질문:
    - "How does this person feel?" (이 사람은 어떤 감정을 느낄까요?)
    - "Can you guess this emotion?" (이 감정을 맞혀볼까요?)
4. 학생들이 답변할 때, 감정 단어를 영어로 자연스럽게 노출시킨다.

☝ 예시 답변:
- 😄 "He is happy."
- 😊 "She is sad."
- 😠 "He looks angry."

---

### 2. 전개1: 감정 단어 학습 및 표현 연습 (15분)

**활동: 감정 단어 학습**

1. 기본적인 감정 단어 6~8개를 학습한다. (happy, sad, angry, excited, scared, surprised 등)
2. 각 단어에 대한 간단한 상황을 설명한다.
    - 예시:
        - "When you get a present, you feel happy!"
        - "When you lose your toy, you feel sad."
3. 학생들과 함께 감정 단어를 따라 말하고 발음 연습을 한다.
4. 학생들에게 감정 단어가 적힌 카드(또는 교사가 제시하는 단어)를 보고, 적절한 표정을 짓게

---

### 3. 전개2: 감정 표현 문장 만들기 활동 (15분)

**활동: "감정 표현 문장 만들기"**

1. 학생들에게 기본 문장 패턴을 제공한다.
    - "I feel _ when _."
    - "I am _ because _."
2. 학생들이 자신의 감정을 표현할 수 있도록 간단한 문장을 만든다.
    - 예시 문장:
        - "I feel happy when I play with my friends."
        - "I am scared because it is dark."
        - "I feel excited when I go to an amusement park."
3. 짝 활동을 진행하여 학생들이 서로에게 자신의 문장을 말하고 공유하도록 한다.

## 수업 설계를 위한 프롬프트 요소 및 예

| 요소 | 예 |
|---|---|
| **역할**<br>Role | 중학교 정보 선생님 |
| **대상**<br>Target | 중학교 1학년 학생 |
| **목적**<br>Goal | 데이터 시각화와 분석 연습 수업 설계 |
| **기간**<br>Duration | 1시간 |
| **인스트럭션**<br>Instruction | 데이터 시각화 차트 생성 및 결과 해석<br>단계별 활동과 예시 제공 |

당신은 중학교 정보 선생님입니다. 중학교 1학년 학생들이 1시간 동안 데이터 시각화와 분석 연습을 할 수 있는 수업을 설계해 주세요. 학생들이 실생활 데이터를 사용해 차트를 생성하고 그 결과를 해석할 수 있도록, 단계별 활동과 예시를 제공해 주세요.

---

**중학교 1학년 정보 수업: 데이터 시각화와 분석 연습 (1시간 수업 계획)**

**수업 목표**

- 데이터를 수집하고 정리할 수 있다.
- 다양한 차트를 생성하여 데이터를 시각화할 수 있다.
- 차트의 의미를 해석하고 데이터를 기반으로 결론을 도출할 수 있다.

**수업 개요**

| 단계 | 활동 내용 | 시간 |
|---|---|---|
| 도입 | 실생활 데이터와 데이터 시각화 개념 이해 | 10분 |
| 전개1 | 데이터 수집 및 정리 | 10분 |
| 전개2 | 데이터 시각화 (차트 생성) | 20분 |
| 정리 | 차트 해석 및 발표 | 15분 |

**1. 도입: 실생활 데이터와 데이터 시각화 개념 이해 (10분)**

**활동: "우리 주변의 데이터"**

1. 질문 던지기:
   - "우리 생활 속에서 데이터를 찾을 수 있는 곳이 어디 있을까요?"
   - (예: 학생들의 키, 학급 친구들의 생월 달, 좋아하는 과목 조사, 하루 동안 스마트폰 사용 시간 등)
2. 예시 소개:
   - "예를 들어, 여러분이 하루 동안 몇 시간 동안 스마트폰을 사용하는지 데이터를 모아 차트를 만들 수 있습니다."
3. 차트 소개:
   - 막대그래프, 원그래프, 꺾은선그래프의 차이를 간단히 설명하고, 어떤 데이터를 분석할 때 어떤 차트를 사용하면 좋은지 이야기한다.

**2. 전개1: 데이터 수집 및 정리 (10분)**

**활동: "우리 반 데이터 수집하기"**

1. 데이터 수집 주제 선택
   - "우리 반 학생들의 아침 식사 여부 조사"
   - 질문: "오늘 아침을 먹었나요?" (Yes/No 응답)
   - (또는, "오늘 몇 시간 잤나요?" 같은 주제로 진행 가능)
2. 데이터 정리하기
   - 교사가 칠판에 학생들의 응답을 기록한다. (예: Yes: 15명, No: 10명)
   - 간단한 표로 정리:

| 응답 | 학생 수 |
|---|---|
| Yes | 15 |
| No | 10 |

# SECTION 05 | 프롬프트를 이용한 학습 계획 세우기

프롬프트 설계를 통해 학습자의 목표 설정, 문제 해결 능력 향상, 피드백 제공, 평가 도구 활용 등을 구체적으로 지원할 수 있으며, 이를 통해 학습의 질을 크게 개선할 수 있습니다. 다음은 학습 계획을 수립하는 방법에 대해 알아봅시다.

- **목표 설정하기:** 학습자가 자율적으로 목표를 설정할 수 있도록 돕는 프롬프트는 역할Role과 대상Target을 명확히 설정하여 목표에 맞는 학습을 진행할 수 있게 합니다. 예를 들어, 중학생, 대학생을 대상으로 학습 목표를 명확히 제시할 수 있습니다.

- **학습 계획 수립하기:** 학습 계획을 수립하는 데 필요한 기간Duration과 맥락Context을 설정하여, 학습자가 주어진 기간 안에 계획을 세우고 자원을 효율적으로 활용할 수 있도록 유도합니다. 예를 들어, 1주일 동안 학습을 완료하는 계획을 세우는 프롬프트를 사용할 수 있습니다.

## 학습 설계를 위한 프롬프트 요소 및 예

| 요소 | 예 |
|---|---|
| **역할**<br>Role | 중학교 2학년 학생 |
| **대상**<br>Target | 영어 공부를 하고 싶은 중학생 |
| **목적**<br>Goal | 어린왕자 영어 소설을 이용한 영어 학습 계획 설계 |
| **기간**<br>Duration | 5일 |
| **맥락**<br>Context | 영어 소설로 매일 공부하는 상황 |
| **인스트럭션**<br>Instruction | • 100자 이내의 재미있는 영어 지문 5개 제공<br>• 각 지문마다 문법 키워드와 학습 포인트 포함<br>• 일일 계획표 작성 |

너는 중학교 2학년 학생들을 위한 어린왕자 영어 소설을 활용한 5일간의 영어 학습 계획을 설계해야 해. 5일간의 학습 계획을 체계적으로 따르면서 영어 실력을 향상시킬 수 있도록, 표로 정리해 줘.

**인스트럭션:**
▸ 100자 이내의 짧고 흥미로운 영어 지문 5개를 제공할 것
▸ 각 지문마다 문법 키워드와 주요 학습 포인트를 포함할 것
▸ 일일 계획표를 작성하여, 5일 동안의 학습을 체계적으로 진행할 수 있도록 구성할 것
▸ 지문, 문법 키워드, 학습 포인트, 일일 복습 및 정확한 문법 연습 방법을 제시할 것. 지문을 제외하고 나머지는 한글로 설명할 것

### 중학교 2학년 영어 학습 계획:『어린 왕자』를 활용한 5일 영어 학습

| Day | 영어 지문 (100자 이내) | 문법 키워드 | 학습 포인트 | 일일 복습 및 연습 |
|---|---|---|---|---|
| 1일<br>차 | "Grown-ups never understand anything by themselves, and it is tiresome for children to explain things to them." | - 부정문<br>(never)<br>- to부정사<br>(to explain) | - 어른과 아이의 차이를 표현하는 방법 이해<br>- to부정사의 사용법과 역할 | - 'never'가 들어간 문장을 3개 만들어보기<br>- 'to explain'의 다양한 활용법 익히기 |
| 2일<br>차 | "One sees clearly only with the heart. Anything essential is invisible to the eyes." | - 부사<br>(clearly, only)<br>- 형용사<br>(visible) | - 감정을 표현하는 방식 이해<br>- 부사의 위치와 역할 | - 'invisible'과 비슷한 의미의 형용사 찾아보기 |
| 3일<br>차 | "You become responsible, forever, for what you have tamed." | - 현재완료<br>(have tamed)<br>- 목적격 관계대명사<br>(what) | - 'have tamed'의 의미와 쓰임 이해<br>- 관계대명사 'what'을 포함한 문장 분석 | - 'have tamed' 활용 문장 3개 만들기<br>- 'what' 포함한 문장 변형 연습 |
| 4일<br>차 | "The stars are beautiful because of a flower that cannot be seen." | - because of vs. because<br>- 관계대명사<br>(that) | - 'because of'와 'because'의 용법 비교<br>- 관계대명사 'that'이 수식하는 방식 익히기 | - 'because of'과 'because' 차이점 비교 후 문장 만들기<br>- 'that'이 포함된 문장 만들고 분석하기 |
| 5일<br>차 | "It is the time you have wasted for your rose that makes your rose so important." | - 강조구문<br>(It ~ that)<br>- 현재완료<br>(have waste↓ | - 강조구문의 역할과 문장 구조 분석<br>- 'have wasted'의 의미 파악 | - 강조구문 패턴으로 3문장 만들어보기<br>- 'have wasted' 활용한 다양한 문장 연습 |

SECTION

# 06

# 프롬프트를 이용한 학습 콘텐츠 개발하기

다음과 같은 프롬프트 요소를 생각하고 프롬프트를 작성하면 학습 목표와 일치하는 맞춤형 콘텐츠를 개발할 수 있습니다.

- **역할 정의:** 교사의 역할을 명확히 하여 어떤 관점으로 콘텐츠를 개발해야 하는지 결정합니다.

- **대상 설정:** 학습자의 특성을 고려해 그들에게 맞는 학습 자료를 개발합니다.

- **목적 설정:** 학습 목표를 설정하여 콘텐츠를 통해 어떤 성과를 달성할 것인지 명확히 합니다.

- **기간 설정:** 콘텐츠가 진행될 시간을 정의하여 그 시간 내에 학습할 내용을 계획합니다.

- **맥락 제시:** 콘텐츠가 제공될 상황이나 배경을 설명해 학습자가 해당 콘텐츠를 잘 이해하고 학습할 수 있도록 돕습니다.

- **인스트럭션 제시:** 콘텐츠 개발 시 구체적으로 작업을 수행하는 방법을 설명하고, 완성된 자료에 포함해야 할 요소들을 명확히 지시합니다.

단, 프롬프트 결과가 항상 옳지 않으니 검토가 필요합니다.

## 학습 콘텐츠 개발을 위한 프롬프트 요소 및 예

| 요소 | 예 |
|---|---|
| **역할**<br>Role | 중학교 2학년 영어 교사 |
| **대상**<br>Target | 어린왕자를 모를 수 있는 중학교 2학년 학생 |
| **목적**<br>Goal | 어린왕자 지문을 활용한 영어 학습지 설계 |
| **기간**<br>Duration | 1시간 |
| **맥락**<br>Context | 어린왕자에서 발췌한 지문을 바탕으로 학생들이 빈칸 채우기 문제를 통해 학습 |
| **인스트럭션**<br>Instruction | 빈칸 채우기 퀴즈를 만들고, 어린왕자를 모르는 학생들도 풀 수 있도록 각 문장에 힌트를 포함. 모범답안도 제공 |

너는 중학교 2학년 학생들을 위한 영어 교사야. 학생들이 어린왕자(The Little Prince)를 모를 수 있는 상황을 고려하여, 어린왕자에서 발췌한 지문을 활용한 1시간 분량의 영어 학습지를 설계해 줘.

**인스트럭션:**

▸ 빈칸 채우기 퀴즈를 만들어 줘. 어린왕자를 모르는 학생들도 풀 수 있도록 각 문장에 힌트를 포함해 줘.

▸ 각 문장에는 배울 수 있는 단어와 문법 키워드를 포함하고, 이를 강조해 줘.

▸ 학생들이 스스로 답을 확인할 수 있도록 모범답안도 제공해 줘.

---

### 중학교 2학년 영어 학습지: 『어린 왕자』를 활용한 영어 학습

▌ **수업 목표**

- 『어린 왕자』에서 발췌한 영어 문장을 통해 새로운 단어와 문법을 학습한다.

- 빈칸 채우기 문제를 풀면서 문맥을 이해하는 연습을 한다.

- 스스로 답을 확인하고, 문법과 단어의 의미를 정리한다.

---

### 🔍 빈칸 채우기 퀴즈

📖 아래 문장은 **『어린 왕자(The Little Prince)』**에서 가져온 문장입니다. 문맥을 고려하여 알맞은 단어를 빈칸에 채워보세요!

### 1️⃣ 빈칸 채우기 문제

1️⃣ "One sees clearly only with the _____. Anything essential is _____ to the eyes."

💡 Hint: 사람은 눈으로 볼 수 없는 것을 마음으로 본다.

✔ 제공 단어: heart / invisible

✔ 배울 단어: heart(마음), essential(중요한), invisible(보이지 않는)

✔ 문법 키워드: 부사 (clearly), 형용사 (invisible)

**2** "You become _____, forever, for what you have _____."

🍎 Hint: 길들인 것에 대해 영원히 책임을 져야 한다.

✔ 제공 단어: responsible / tame
✔ 배울 단어: responsible(책임 있는), forever(영원히), tame(길들이다)
✔ 문법 키워드: 현재완료 (have + p.p.), 관계대명사 (what)

---

**3** "The stars are beautiful because of a _____ that cannot be _____."

🍎 Hint: 보이지 않는 한 송이 꽃 때문에 별이 아름답다.

✔ 제공 단어: flower / see
✔ 배울 단어: flower(꽃), beautiful(아름답다), see(보다)
✔ 문법 키워드: because of (~때문에), 관계대명사 (that), 조동사 (can)

---

**4** "It is the time you have _____ for your rose that makes your rose so _____."

🍎 Hint: 네가 장미를 위해 소비한 시간이 장미를 소중하게 만든다.

✔ 제공 단어: waste / important
✔ 배울 단어: waste(낭비하다), rose(장미), important(중요한)
✔ 문법 키워드: 강조구문 (It ~ that), 현재완료 (have + p.p.)

---

**5** "Grown-ups never _____ anything by themselves, and it is _____ for children to explain things to them."

🍎 Hint: 어른들은 스스로 아무것도 잘 이해하지 못하고, 아이들에게 설명하는 것은 힘든 일이다.

✔ 제공 단어: understand / tiresome
✔ 배울 단어: grown-ups(어른들), understand(이해하다), explain(설명하다), tiresome(지루한, 힘든)
✔ 문법 키워드: 부정문 (never), to부정사 (to explain)

## ☑ 정답 확인

🖊 스스로 채점해 보세요!

**1** heart, invisible
**2** responsible, tamed
**3** flower, seen
**4** wasted, important
**5** understand, tiresome

### ✦ 추가 학습 활동

- 각 문장에서 배운 단어를 활용하여 새로운 문장을 만들어 보기
- 친구와 함께 빈칸 채우기 문제를 서로 내면서 복습하기
- 'have tamed', 'because of', 'It is ~ that' 같은 문법 패턴을 응용하여 자신만의 예문 작성하기

# AI 도구로
# 학습 자료 만들기

# 01 AI 도구로 만든 학습 자료의 효과성

AI 도구를 활용해 학습 자료를 제작하면 학생들의 학습 효과를 높이는 데 효과적입니다. AI 플랫폼은 간단한 드래그 앤 드롭 방식과 다양한 템플릿을 제공하여 교사와 학생들이 쉽게 학습 자료를 만들 수 있게 돕습니다. 자동 번역, 이미지 생성 기능을 통해 학생들은 더욱 직관적으로 내용을 이해할 수 있고, 협업 기능을 통해 여러 학생이 동시에 작업하여 학습에 대한 참여도가 높아집니다. 또한 AI 기술을 활용해 학생들은 창의적인 과제를 수행하고, 학습 내용을 실생활에 적용할 수 있어 학습 효과를 극대화할 수 있습니다.

▶ 캔바로 감정 카드
　만들기

https://www.canva.com/ko_kr/templates/?category=tAEGmYx5JNQ

▶ 캔바로 친환경 집
　이미지 생성하기

# SECTION 02 | 캔바를 이용한 플래시 카드 만들기

효과적인 학습 도구로 주목받는 플래시 카드는 간단하면서도 강력한 기억 도구입니다. 캔바<sup>Canva</sup>를 활용하면 누구나 손쉽게 디자인과 내용이 조화를 이룬 맞춤형 플래시 카드를 만들 수 있습니다.

## ① 캔바

캔바<sup>Canva</sup>는 그래픽 디자인 플랫폼으로 사용자가 다양한 디자인 템플릿을 이용해 손쉽게 그래픽 콘텐츠를 만들 수 있도록 돕습니다. 특히 교육자와 학생들에게 유용한 디자인 도구로 널리 사용됩니다.

- **광범위한 템플릿**: 다양한 디자인 템플릿을 제공하여 초보자도 쉽게 디자인을 시작할 수 있습니다.

- **드래그 앤 드롭 인터페이스**: 간단한 드래그 앤 드롭 기능으로 이미지나 텍스트를 손쉽게 배치할 수 있습니다.

- **팀 협업 기능**: 여러 사용자가 동시에 작업할 수 있는 협업 기능을 제공합니다.

---

**잠깐**

### 캔바 교사 인증하기

캔바 사이트에서 교사 인증을 받으면 1억 개 이상의 이미지, 동영상 애니메이션 사용뿐 아니라 클라우드 저장 공간 및 학생과 다른 교사를 초대할 수 있어서 학교 업무 및 수업에서 활용이 높습니다.

캔바 교사 인증을 받으려면 '재직증명서'가 필요합니다.

❶ 캔바에 접속해 [가입] 버튼을 누릅니다.

❷ 간편 로그인으로 회원 가입을 합니다. 다른 방법을 사용해도 됩니다.

❸ 교사 인증 메뉴 가기

- 처음 가입하시는 분들은 '교사'를 선정하면 바로 '교사인증' 메뉴를 볼 수 있습니다.

이미 회원 가입을 했다면 캔바 홈페이지 오른쪽 계정 아이콘 - [요금제 및 가격] - [교육용] - [선생님] - [인증받기]를 선택합니다.

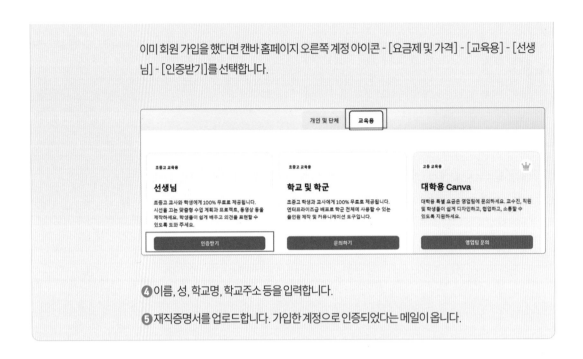

❹ 이름, 성, 학교명, 학교주소 등을 입력합니다.

❺ 재직증명서를 업로드합니다. 가입한 계정으로 인증되었다는 메일이 옵니다.

## ② 영어 문장 플래시 카드 만들기

### 1단계 캔바 웹 사이트 접속 및 로그인하기

Canva 웹 사이트에 접속하여 로그인합니다.

🌐 **캔바**(canva) https://www.canva.com/ko_kr/

### 2단계 템플릿 선택하기

① 캔바 대시보드에서 '플래시 카드' 템플릿을 검색합니다.

캔바에는 수업에서 바로 사용하기 좋은 플래시 카드 템플릿들이 많이 있습니다. 단, 교육용과 개인 계정은 제공되는 템플릿과 기능이 다릅니다. 이 장에서 제시된 템플릿과 자동 번역 기능은 교육용 계정에서 무료로 사용할 수 있습니다.

▶ 캔바 플래시 카드
  템플릿

**2** [Canva 템플릿]을 선택하면 [모든 필터] 메뉴가 나옵니다.
[모든 필터]에서 원하는 과목이나 학년을 선택합니다.

**3** 영어 수업 시간에 사용할 '영문학'을 선택하고 '가사 활동 어휘 플래시 카드 Housework Vocabulary
Flashcards'를 선택합니다. 영단어가 있는 다른 플래시 카드를 선택해도 됩니다.

▶ Housework
  Vocabulary
  Flashcards

## 3단계 인공지능으로 커스터마이징하기

템플릿의 텍스트와 이미지를 필요에 맞게 수정합니다. 예를 들어, 학습할 주제에 맞는 단어와 정의를 입력하고, 관련 이미지를 삽입하거나 생성합니다.

**1** '페이지 1' 플래시 카드의 영어 문장 하나를 선택하고 마우스 오른쪽 버튼을 누릅니다. 메뉴에서 [텍스트 번역]을 선택합니다.

> [텍스트 번역] 메뉴는 교육용 계정에서 무료로 사용이 가능합니다.

**2** [자동 번역] 탭에서 '도착어(한국어)', '어조(변경 없음)', '현재 페이지의 텍스트 선택하기(모두 선택)'를 선택합니다. 그러면 '페이지1'의 모든 텍스트가 선택됩니다.

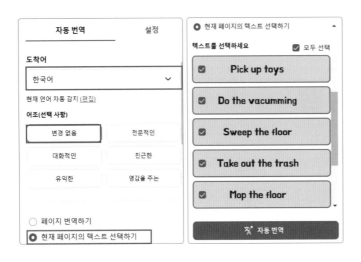

**3** [자동 번역] 메뉴를 선택하면 한국어로 번역된 새로운 페이지가 추가됩니다. 어색한 영어가 있는지 확인해서 수정합니다. 'Iron'이라는 단어를 한국어로 '다림질하다'로 번역을 수정합니다.

수정 전                    수정 후

철                    다림질하다

### 자연어 처리 기술인 자동 번역

[자동 번역]도 AI 자연어 처리(NLP) 기술 중 하나입니다. 수많은 데이터를 이용해 학습이 이루어지기 때문에 지금 이 순간에도 자연어 처리 기술은 더 크게 향상되고 있으니 사용하다 보면 '철'이 '다림질하다'로 자동 번역되어 있을 수 있습니다.

## 4 단계   AI로 이미지 추가 및 수정하기

플래시 카드에 있는 이미지를 수정하기 위해서 [요소] 메뉴에 있는 기존 이미지를 추가할 수도 있지만, AI가 이미지를 생성해 줄 수 있습니다. [요소] 메뉴를 선택한 후, 아래로 내려보면 'AI 이미지 생성기'의 '나만의 이미지 생성'을 선택합니다.

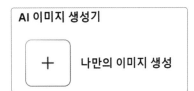

캔바에는 인공지능 기반의 이미지 및 동영상 생성 도구로 Magic Media 기능이 있습니다. 사용자가 프롬프트를 입력하면 이를 바탕으로 이미지를 자동으로 생성해 주는 기능입니다.

플래시 카드에 있는 영어 문장 중 하나를 복사해서 'Magic Media'의 이미지 프롬프트에 붙여 넣습니다. 생성된 이미지 중 하나를 선택하거나 다시 생성합니다.

▲ 플래시 카드에서 변경할 이미지의 문장을 복사합니다.

▲ Magic Media의 프롬프트에 문장을 붙여 넣습니다.

▲ 생성된 이미지 중 하나를 선택하거나 다시 생성합니다.

### 잠깐   생성형 AI와 프롬프트

생성형 AI는 새로운 데이터를 만들어 내는 AI 기술이고, 프롬프트는 그 AI에게 무엇을 생성할지 지시하는 입력값입니다.

## 5 단계 플래시 카드 저장하기

작업이 완료되면, 캔바 페이지 오른쪽 상단의 [공유]-[다운로드] 메뉴를 클릭하여 플래시 카드를 저장합니다. PDF 형식으로 저장하여 인쇄할 수도 있습니다.

## 6 단계 플래시 카드를 수업에 학습 도구로 활용하기

완성된 플래시 카드를 학습 도구로 활용합니다. 학생들이 플래시 카드를 통해 학습 내용을 복습하고, 게임 등을 통해 재미있게 학습할 수 있습니다.

| Sweep the floor | Take out the trash | Pick up toys | Do the vacumming |

| Iron | Water the plants | Mop the floor | Clean the bathroom |

| 바닥을 청소하다 | 쓰레기를 버리세요 | 장난감을 주워요 | 진공 청소를 하세요 |

| 다림질하다 | 식물에 물을 주다 | 바닥을 닦다 | 욕실을 청소하다 |

# 수업 | 친환경적인 나의 집 설계하기

지구를 지키기 위해 미래 우리집은 어떻게 만들어야 할까? 내가 편하게 살고 싶은 집이면서 동시에 친환경 주택을 설계하기 위해 생성형 AI와 함께 친환경 주택을 설계해 봅시다.

| 활동 1 | 친환경 주택의 요건 탐색하기 | 텍스트 생성형 검색 엔진 AI로 친환경 주택 요건 탐색하기 |
| --- | --- | --- |
| | | 친환경 주택 요건 정리하기 |

▼

| 활동 2 | 친환경 나의 집 설계하기 | 이미지 생성형 AI로 친환경적인 나의 집 설계하기 |
| --- | --- | --- |
| | | 친환경적인 나의 집 발표 및 공유하기 |

| 준비물 | • 텍스트 생성형 검색 엔진 AI: 퍼플렉시티(Perplexity)<br>• 이미지 생성형 AI: 캔바(Canva) |
| --- | --- |

## 활동 1 친환경 주택의 요건 탐색하기

### 1 텍스트 생성형 검색 엔진 AI로 친환경 주택 요건 탐색하기

친환경 주택의 다양한 요건을 이해하고, 텍스트 생성형 검색 엔진 AI를 사용하여 친환경 주택의 요건에 대해 탐색합니다.

🌐 퍼플렉시티(perplexity) https://www.perplexity.ai/

퍼플렉시티는 검색 결과를 기반으로 하여 답변을 생성하고, 출처 링크를 포함시켜 신뢰성을 제공합니다.

친환경 주택의 요건과 관련된 질문을 만들어서 텍스트 생성형 검색 엔진 AI를 이용해 검색해서 정보를 탐색합니다.

**질문 예**
- 친환경 주택에서 가장 중요한 요소는 무엇인가요?
- 재생 가능한 에너지는 어떤 방식으로 사용할 수 있나요?
- 친환경 주택의 특징을 나열해 주세요.
- 친환경 주택이 갖춰야 할 필수 요소를 3가지 이상 적어 보세요.

### 2 친환경 주택 요건 정리하기

친환경 주택의 요건들을 캔바 프레젠테이션으로 정리해 봅니다.

🌐 캔바(Canva) https://www.canva.com

| 단계 | 실습 과정 |
|---|---|
| 1 | 캔바를 실행시키고 로그인합니다. https://www.canva.com/ |
| 2 | 첫 웹페이지에서 [프레젠테이션] 아이콘을 선택해서 새 프레젠테이션을 만듭니다. |
| 3 | 화면 왼쪽 [디자인] 메뉴를 클릭한 후, 원하는 [템플릿]을 선택합니다. |
| 4 | 퍼플렉시티로 탐색한 정보를 기반으로 친환경 주택의 요건을 프레젠테이션에 정리합니다. 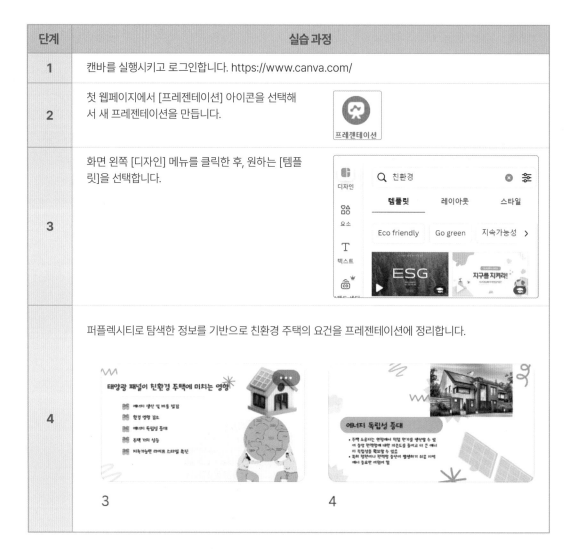 |

활동 **2** 친환경 나의 집 설계하기

### 1 이미지 생성형 AI로 친환경적인 나의 집 설계하기

캔바를 이용해 친환경 집을 설계하기 위한 요건을 프롬프트로 작성해 이미지를 생성합니다.

🌐 캔바(Canva) https://www.canva.com

| 단계 | 실습 과정 |
|---|---|
| 1 | 캔바 화면 왼쪽 메뉴에서 [요소]를 선택하고 아래로 내리면 [AI 이미지 생성기] 메뉴가 있습니다. [나만의 이미지 생성]을 선택합니다. |
| 2 | 나만의 집을 설계하기 위한 요건을 프롬프트에 작성합니다.<br><br>**집설계하기 : 목재, 태양광, 소형 풍력 발전기, 이중창, 단열재, 전기차 충전기**<br><br>집 설계하기 : 목재, 태양광, 소형 풍력 발전기, 이중창, 단열재, 전기차 충전기<br><br>♡ 랜덤 생성　　　　지우기 |
| 3 | 프롬프트에 작성한 키워드들을 중심으로 이미지가 4개 생성됩니다.<br>가장 적합한 이미지를 선택하면 프레젠테이션에 이미지가 복사됩니다. 이 이미지를 이용해 캔바 프레젠테이션에 발표 자료를 완성합니다. |

## 2 친환경적인 나의 집 발표 및 공유하기

캔바 프레젠테이션에서 만든 자료를 발표해 공유하는 시간을 갖습니다. 이 시간에는 친환경 주택의 요건을 설명하고, 자신이 설계한 집에 대해 소개하며 다양한 아이디어를 나눌 수 있도록 합니다.

memo

# 04

# 음악 생성 AI를 이용해
# 학습에 리듬 타기

S E C T I O N
# 01 | 음악을 이용한 학습의 효과성

음악은 단순한 즐거움 그 이상으로 학습의 강력한 도구가 될 수 있습니다. 리듬과 멜로디를 활용하면 학생들의 흥미를 끌고 학습 동기를 높일 뿐만 아니라 기억력과 창의성을 향상시키는 데에도 효과적입니다.

1 음악은 학생들의 흥미를 끌어올리고 학습에 대한 동기를 부여합니다. 특히 리듬과 멜로디는 정보를 더 쉽게 기억하고 회상하게 만들어 복잡한 개념도 노래를 통해 자연스럽게 습득할 수 있습니다. 예를 들어, 주기율표의 원소 이름을 외우는 노래는 학생들이 원소를 암기하는 데 큰 도움이 됩니다.

2 음악은 감정을 자극하여 학습 내용을 더 깊이 이해하고 공감할 수 있게 합니다. 역사 수업에서 중요한 사건을 노래로 배울 때 학생들은 당시 상황에 대한 감정이입이 용이합니다.

3 노래로 표현된 교과 개념은 반복 학습을 통해 학습자에게 자연스럽게 내면화됩니다. 예를 들어, 뉴턴의 운동 법칙을 노래로 만든 경우 학생들이 반복해서 부르며 법칙을 자연스럽게 익힙니다.

4 음악은 학습자의 창의성을 발휘하게 하고, 팀 활동을 통해 협동심을 키울 수 있습니다. 팀별로 학습 내용을 노래로 만들고 발표하는 과정에서 창의적인 사고와 협업 능력이 강화됩니다.

| 효과 | 예시 |
|---|---|
| 기억과 회상 용이 | 주기율표의 원소 이름 외우는 노래 부르기 |
| 감정 자극과 공감 | 역사 수업에서 중요한 사건을 노래로 불러 당시 상황에 대한 감정이입하기 |
| 반복 학습과 내면화 | 뉴턴의 운동 법칙을 노래로 만들어 운동 법칙을 자연스럽게 익히기 |
| 창의성 발휘와 협동심 강화 | 팀별로 과학 개념을 노래로 만들고 발표하는 과정에서 창의적인 사고와 협업 능력 강화하기 |
| 언어 능력 발달 | 영어 단어와 문법 규칙을 노래로 배우는 과정에서 학생들의 어휘력과 문법 이해도 높이기 |
| 문화적 다양성 포용 | 세계 역사나 지리를 노래로 배워 다양한 문화와 역사 이해 높이기 |

# SECTION 02 | 수노를 이용한 음악 생성하기

음악을 만드는 일은 더 이상 전문가만의 영역이 아닙니다. Suno와 같은 AI 도구를 활용하면 누구나 손쉽게 자신만의 음악을 창작할 수 있습니다.

## ① 수노

수노Suno는 인공지능AI 기반의 음악 생성 플랫폼입니다. 사용자가 텍스트 입력을 통해 원하는 스타일이나 감정에 맞춘 음악을 자동으로 작사 및 작곡할 수 있도록 도와줍니다. 수노는 사용자가 특정 주제나 개념에 대해 음악을 만들고자 할 때, 이를 효과적으로 지원하여 창의적인 학습 도구로 활용될 수 있습니다.

- **사용자 친화적 인터페이스:** 수노는 직관적인 인터페이스를 제공하여 누구나 쉽게 사용할 수 있습니다. 복잡한 음악 이론이나 작곡 기술을 몰라도 손쉽게 음악을 생성할 수 있습니다.

- **다양한 음악 스타일:** 수노는 다양한 음악 장르와 스타일을 지원합니다. 사용자는 원하는 음악 스타일을 선택하여 텍스트를 입력하면, 그에 맞는 음악을 자동으로 생성합니다.

- **텍스트 기반 작사:** 사용자가 입력한 텍스트를 기반으로 자동으로 가사를 생성하고, 이에 맞춰 멜로디를 작곡합니다. 주제나 감정을 효과적으로 표현할 수 있습니다.

- **AI 기반 작곡:** 수노의 AI는 방대한 음악 데이터를 학습하여 높은 수준의 음악을 생성할 수 있습니다. 이는 창작자의 의도를 반영한 고퀄리티의 음악을 만들어 줍니다.

- **교육적 활용성:** 수노는 교육 현장에서 창의적인 학습 도구로 활용될 수 있습니다. 학생들이 교과 내용을 음악으로 표현하면서 재미있게 학습할 수 있도록 도와줍니다.

## ② AI와 함께 과학송 만들기

### 1단계 수노 웹 사이트 접속 및 로그인하기

수노 웹 사이트에 접속하여 로그인합니다.

🌐    **수노**(Suno) https://suno.com/

### 2단계 수노 웹 사이트 접속 및 로그인하기

수노를 이용해 음악을 만들려면 먼저 회원 가입을 해야 합니다. 회원 가입은 구글 계정으로 바로 로그인이 가능합니다.

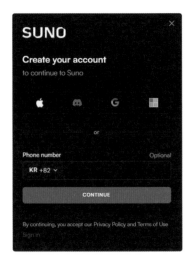

### 3단계 주제 생각하기

음악을 만들고자 하는 주제나 개념을 생각합니다. 예를 들어, "뉴턴의 제2법칙"이나 "체육대회 응원가"와 같은 주제나 개념을 생각할 수 있습니다.

### 4단계 음악 생성하기

■ AI 맘대로 음악 생성하기

1   [Create] 메뉴를 선택합니다.

2   간단한 프롬프트를 입력합니다.

예를 들어, "뉴턴의 제2법칙을 rock 스타일로 만들어 줘.", "체육대회 응원가를 만들어 줘."와 같은 프롬프트를 입력할 수 있습니다. 프롬프트를 작성한 후 [Create] 버튼을 클릭하면 인공지능이 음악을 자동으로 2개 생성해 줍니다.

## ■ 내 맘대로 음악 생성하기

내가 직접 가사를 작성하고 싶다면 'Custom' 옵션을 활성화시키면 됩니다. '뉴턴의 제2법칙과 교통 안전 사고 예방'을 주제로 예를 들어보겠습니다.

**1** 주제에 맞게 가사를 생성합니다.

학생들과 뉴턴의 제2법칙에 대해 공부하고 교통안전 사고 예방과의 연관성에 대해 모둠 활동을 한 후에 프롬프트에 상세하게 작성하는 활동을 할 수 있습니다.

노래에 절과 후렴을 작성해 보려고 합니다. 절<sup>Verse</sup>은 곡의 한 부분으로, 노래의 주된 이야기나 내용을 전달하는 역할을 합니다. 후렴<sup>Chorus</sup>은 음악에서 반복되는 부분으로, 곡의 핵심 메시지나 주제를 강조하는 역할을 합니다.

| | | 제목 정하기 | 뉴턴이 말해 줘: 안전은 가속도에 달려 있어 |
|---|---|---|---|
| 가사 쓰기 | 첫 구절 (Verse) | 뉴턴의 제2법칙과 교통안전 사이의 과학적 원리를 설명하세요. | 차가 가속하려면 더 큰 힘이 필요해<br>뉴턴의 법칙이 우리에게 말해 줘<br>속도가 높을수록 충격도 커져<br>속도를 줄여, 안전을 지켜 |
| | 후렴 (Chorus) | 교통안전을 실천하기 위한 행동을 강조해 주세요. | 안전벨트를 매고, 충격을 나눠봐<br>몸을 지켜주는 과학의 원리야<br>제동 거리를 길게, 멈추는 시간이 중요해<br>교통사고 예방은 모두의 책임이야 |
| | 두 번째 구절 (Verse) | 뉴턴의 제2법칙과 교통안전 사이의 과학적 원리를 설명하세요. | 무거운 차일수록 멈추기 어려워<br>질량이 크면 충격도 강해져<br>속도와 무게, 모두 신경 써야 해<br>뉴턴의 법칙이 안전을 가르쳐 줘 |
| | 후렴 (Chorus) | 교통안전을 실천하기 위한 행동을 강조해 주세요. | 안전벨트를 매고, 충격을 나눠봐<br>몸을 지켜주는 과학의 원리야 |

**음악 스타일을 프롬프트로 입력해 줘.**

Custom을 이용하지 않고 프롬프트에서 바로 음악 스타일을 작성해 줄 수 있습니다. 예를 들어, "뉴턴의 제2법칙의 힘과 가속도의 관계를 k-pop 스타일로 만들어 줘.", "체육대회 응원가를 신나는 전자음악 댄스로 만들어 줘."와 같이 프롬프트를 입력할 수 있습니다.

'Lyrics'에서는 자신이 만든 가사를 씁니다. 절은 [Verse], 후렴은 [Chorus]로 표시해 줍니다.

**2** 음악 스타일을 선택합니다. (Style of Music)
[Custom] 메뉴에서 제공하는 다양한 음악 스타일 중 원하는 스타일을 선택할 수 있습니다. 팝, 클래식, 록 등 다양한 장르가 있습니다. 학습 주제에 맞는 음악 스타일을 선택하면 됩니다.

**3** 제목을 만들고 음악을 생성합니다.
노래에 가장 적합한 제목을 만들어 주고 [Create] 버튼을 클릭합니다.

**4** AI가 작곡합니다.
입력한 텍스트와 선택한 음악 스타일을 기반으로 수노(Suno)의 AI가 가사와 음악 스타일에 맞추어서 음악을 작곡합니다. 이 과정에서 텍스트의 감정이나 의미를 고려하여 음악을 생성합니다.

## 5 단계 음악 듣기 및 수정하기

수노가 생성한 음악을 들어 봅니다. 필요에 따라 가사나 멜로디를 수정할 수 있습니다. 수정한 내용을 반영하여 다시 음악을 생성할 수도 있습니다.

▲ 음악이 생성된 후, 이미지를 클릭하면 음악이 플레이된다. 노래 제목 아래 [▮]메뉴를 선택한다.

▲ [Create]-[Reuse Prompt] 선택

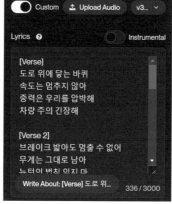

▲ 가사(Lyrics) 수정하기

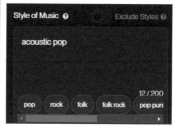

▲ 음악 스타일(Style of Music) 변경하기

## 6 단계 음악 공유하기

최종적으로 만족스러운 음악이 생성되면, 음악 링크를 복사하거나 다운로드 받아서 공유할 수 있습니다. 음악은 학습 자료로 활용하거나 발표 자료로 사용할 수 있습니다.

# 수업 | 질문에서 노래로: 그림책과 함께하는 이야기 노래 만들기

이 수업은 그림책 '돼지책'을 읽고, 인상 깊은 부분을 선택해 학생들 간의 토의를 통해 질문을 발전시킨 후, 창의적으로 노래 가사를 만들어 보는 활동입니다. 각 모둠은 가사를 바탕으로 수노(Suno)를 이용해 음악을 생성하며, 이를 발표하고 피드백을 주고받습니다. 이 과정을 통해 학생들은 창의력, 협동심, 표현력을 기를 수 있습니다.

> 돼지책은 앤서니 브라운의 그림책으로, 가족 내 역할과 책임을 다루며 무관심한 가족의 변화를 재치 있고 풍자적으로 그려낸 작품입니다.

| 활동 1 | 그림책 읽고 이야기하기 | 그림책을 통해 서로의 생각 공유하기 |
| --- | --- | --- |
| | | 그림책으로 독서 토의하기 |

▼

| 활동 2 | 그림책 이야기를 바탕으로 음악 만들기 | 그림책 이야기를 바탕으로 노래가사 만들기 |
| --- | --- | --- |
| | | 수노를 활용한 음악 만들기 |
| | | 발표 및 피드백하기 |
| | | 자기 생각 표현하기 |

| 준비물 | • 그림책(돼지책)<br>• 음악 생성형 AI: 수노(Suno) 등<br>• 공유 플랫폼: 패들렛(Padlet) 등 |
| --- | --- |

## 활동 **1** 그림책 읽고 이야기하기

### 1 그림책을 통해 서로의 생각 공유하기

- 교사가 그림책을 읽어 주고 모둠별로 그림책을 읽어 보는 시간을 갖습니다.

  학생들에게 책을 읽는 동안 궁금한 점이나 더 알아보고 싶은 점을 생각하며 읽도록 유도합니다.

- 그림책에서 가장 인상 깊은 글귀, 그림을 선택합니다.

  ▶ 인상 깊은 그림을 선택하고, 그 이유를 포스트잇에 써서 해당 그림에 붙입니다.
  ▶ 인상 깊은 글귀를 선택하고, 그 이유에 대해 이야기해 봅니다.

  "이 그림이 왜 인상깊었나요?"

### 2 그림책으로 독서 토의하기

- 모둠별로 읽은 그림책을 바탕으로 개인 질문을 만들고, 모둠 내에서 한 질문을 정해서 독서 토의를 진행합니다.

  (질문 예) 왜 엄마는 차를 수리했을까?

- 모둠이 생각한 그림책 주제를 한 문장으로 작성해 보도록 합니다.

  (                                                    )이다.
  왜냐하면 (                                    ) 때문이다.

## 활동 2  그림책 이야기를 바탕으로 음악 만들기

### 1  그림책 이야기를 바탕으로 노래가사 만들기

• 각 모둠은 서로 이야기한 내용과 질문을 이용하여 노래 가사로 확장하는 작업을 합니다.

- 인상 깊었던 글귀나 그림을 가사에 넣어 봅니다.
- 질문에 대한 답을 가사로 풀어내거나 그림책 주제를 심화시켜 창작을 합니다.
- 주제나 질문이 잘 드러나도록 합니다.
- 모둠의 질문을 연결하여 노래 가사를 확장하거나, 그림책의 줄거리를 추가하여 노래 가사를 추가합니다.

| 누구를 위한 노래인가요? | 가족 |
|---|---|
| 노래 제목을 간단하게 만들어 보세요. | Don't say |
| 음악 스타일을 선택해 보세요. (1~2개) | |
| pop / rock / trap / hip hop / metal / electro / punk / k-pop / j-pop / (rap) | |

| 벌스(Verse) | 노래의 이야기나 내용을 전하는 부분<br>노래의 상황이나 감정을 설명하는 내용이 많이 들어감 |
|---|---|
| 코러스(Chorus) | 노래에서 반복되는 부분<br>가장 기억에 남기 쉽고, 주로 노래의 주제를 강하게 전달함 |

| 노래 가사를 만들어 봅시다 | | | |
|---|---|---|---|
| 가사<br>쓰기 | Verse<br>(벌스) | "돼지책" 이야기를 요약해 보세요. | 우리 가족 지쳐 모두 지쳐<br>우리집 집안일은 어머니<br>우리집 집사도 어머니<br>엄마 아빠 동등한 부부<br>아이들도 모두 한 가족<br>우리 모두 집안일 해야 해<br>우리 가족 집안일 분담해 |
| | Chorus<br>(코러스) | "모둠이 생각한 그림책 주제"를 중심으로 적어 보세요. | Don't say 아줌마<br>Don't say 청소해<br>Don't say 저녁밥<br>Don't become pig |

## 2 수노를 활용한 음악 만들기

• 수노<sup>Suno</sup>를 사용하여 각 모둠이 만든 가사를 바탕으로 음악을 생성합니다.

▸ 간단한 멜로디와 음악 스타일을 이용해 음악을 생성합니다.
▸ 생성된 음악을 모둠별로 발표하고 감상합니다.

| 단계 | 실습 과정 |
|---|---|
| 1 | 크롬 브라우저를 엽니다. |
| 2 | 'Suno'라고 검색하고 Suno에 접속합니다.    https://suno.com |
| 3 | 화면 오른쪽 상단의 [Sign In] 메뉴를 선택합니다. |
| 4 | [G]를 선택해 구글 계정으로 로그인합니다.  |
| 5 | 화면 왼쪽 위에 [Custom]을 선택하고, [Create] 메뉴를 선택합니다. |
| 6 | Lyrics - 가사를 작성합니다.<br><br>[Verse]<br>우리 가족 지쳐 모두 지쳐<br>우리 집 집안일은 어머니<br>우리 집 집사도 어머니<br>엄마 아빠 동등한 부부<br>아이들도 모두 한 가족<br>우리 모두 집안일 해야 해<br>우리 가족 집안일 분담해<br><br>[Chorus]<br>Don't say 아줌마<br>Don't say 청소해<br>Don't say 저녁밥<br>Don't become pig |
| 7 | "Style of Music"에 원하는 음악 스타일을 작성합니다. (1~2개)<br><br>pop / rock / trap / hip hop / metal / electro / pun / k-pop / j-pop / rap |

| 단계 | 실습 과정 |
|---|---|
| 8 | "Title" 노래 제목을 작성합니다.  |
| 9 | 음악이 2개 생성됩니다. |
| 10 | 음악을 다 만들면 음악을 공유할 수 있습니다.<br>1. 점 3개 선택<br>2. Share 클릭<br>3. Copy Link 클릭<br>(4. 링크 복사) |

③ 발표 및 피드백하기

- 공유 플랫폼(패들렛)을 이용해 각 모둠은 자신들이 만든 노래와 그 과정에서 나온 질문을 발표합니다.

- 다른 모둠은 발표한 내용을 듣고 질문이나 피드백을 주고받습니다.

④ 자기 생각 표현하기

수업의 과정에서 배운 점을 작성하고 공유합니다.

memo

# AI 마인드맵으로
# 브레인스토밍하기

# 01 마인드맵을 이용한 브레인스토밍의 효과성

마인드맵은 복잡한 아이디어나 개념을 시각적으로 정리하는 방법입니다. 마인드맵은 중심 주제에서 시작해 관련된 하위 주제를 가지 형태로 확장해 나가는 구조를 가집니다. 이를 통해 아이디어나 개념 간의 관계를 직관적으로 파악하고, 연관된 아이디어를 빠르게 확장할 수 있습니다.

브레인스토밍은 창의적 아이디어를 끌어내기 위한 자유로운 사고 과정입니다. 주어진 문제나 주제에 대해 다양한 생각을 제한 없이 떠올리며, 그 과정에서 독창적이고 혁신적인 해결책을 도출하는 것을 목표로 합니다. 이 방법은 개인이나 그룹으로 진행될 수 있으며, 아이디어를 제한 없이 내는 것이 중요합니다. 이후에 그 아이디어들을 정리하고 평가하는 과정을 통해 최선의 해결책을 찾는 방식입니다.

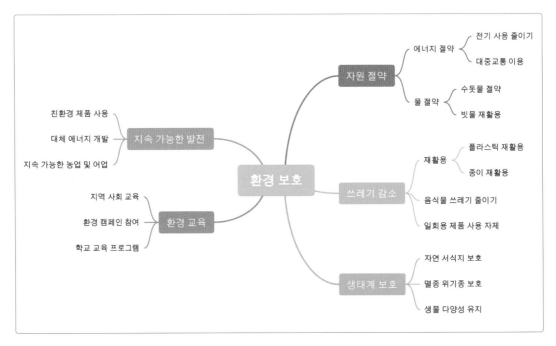

▲ '환경 보호' 마인드맵을 통한 브레인스토밍하기

마인드맵은 브레인스토밍을 시각적으로 지원하는 강력한 도구입니다. 브레인스토밍을 통해 도출된 다양한 아이디어를 마인드맵의 구조에 맞게 정리하면, 생각의 흐름을 명확하게 파악할 수 있고 아이디어 간의 관계도 한눈에 볼 수 있습니다. 마인드맵을 사용하여 브레인스토밍을 진행하는 방법은 다음과 같습니다.

- **중심 주제 설정:** 마인드맵의 중심에 해결하고자 하는 주제나 문제를 설정합니다. 예를 들어, "환경 보호"가 중심 주제일 수 있습니다.

- **하위 주제 도출:** 브레인스토밍을 통해 중심 주제와 관련된 하위 주제를 자유롭게 떠올립니다. 환경 보호와 관련해 "자원 절약", "쓰레기 감소", "생태계 보호" 등의 하위 주제를 생각할 수 있습니다.

- **세부 확장:** 각 하위 주제를 세부적으로 확장해 나갑니다. 예를 들어, "쓰레기 감소"라는 하위 주제는 "재활용", "음식물 쓰레기 줄이기", "일회용 제품 사용 자제" 등으로 분기될 수 있습니다.

- **아이디어 연결 및 시각화:** 아이디어들이 시각적으로 분류되고 연결되면서 자연스럽게 전체적인 흐름과 관계를 이해할 수 있습니다. 아이디어가 확장되면서 새롭게 떠오르는 생각들도 쉽게 추가할 수 있어 창의적인 사고를 자극합니다.

SECTION

# 02 깃마인드를 이용한 브레인스토밍하기

아이디어를 효과적으로 정리하고 시각화하는 것은 브레인스토밍에서 매우 중요합니다. 깃마인드는 이 과정을 더욱 체계적이고 창의적으로 만들어 주는 도구로, 누구나 손쉽게 마인드맵을 작성할 수 있습니다.

## ① 깃마인드

깃마인드 GitMind 는 온라인 마인드맵을 제작할 수 있는 툴로, 직관적이고 시각적인 방식으로 아이디어를 정리할 수 있는 도구입니다. 깃마인드는 팀원들과 실시간으로 협업이 가능하여 그룹 브레인스토밍과 프로젝트를 관리할 수 있습니다. 또한 단순한 다이어그램 작성에서 그치지 않고, 논리적 사고를 확장하고 아이디어를 체계적으로 정리하는 데 도움을 줍니다.

깃마인드는 생성형 인공지능을 활용해 마인드맵을 생성해 줍니다. 사용자가 입력한 주제나 키워드를 바탕으로 인공지능이 자동으로 마인드맵을 만들어 줍니다. 또한 예상치 못한 연결고리나 아이디어를 제시하여 학생들의 창의적 사고를 자극할 수 있습니다.

## ② 깃마인드를 이용한 브레인스토밍 효과성

깃마인드는 브레인스토밍 과정에서 아이디어를 체계적으로 정리하는 데 탁월한 성능을 발휘합니다.

- **시각적 사고 촉진:** 마인드맵은 중심 주제에서 출발해 다양한 관련 아이디어를 가지처럼 확장해 나가는 방식으로 사고의 흐름을 시각화합니다. 이는 아이디어 간의 관계를 직관적으로 이해하고 새롭게 떠오르는 생각을 쉽게 추가할 수 있도록 도와줍니다.

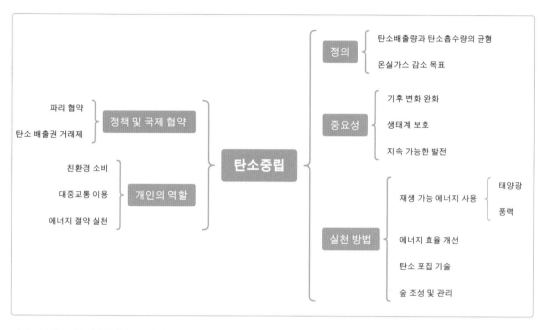

▴ '탄소 중립' 주제를 이용한 마인드맵 작성 과정

- **팀 협업 용이:** 깃마인드는 실시간으로 여러 사용자와 협업이 가능하여, 그룹 브레인스토밍 시 유용합니다. 팀원들과 동시에 아이디어를 공유하고 수정하며, 서로의 생각을 빠르게 피드백할 수 있습니다.

▴ 팀원들과 동시에 아이디어 공유 및 수정 가능

- **템플릿 활용:** 깃마인드는 다양한 마인드맵 스타일, 테마 등을 제공해 주제에 따라 맞춤형 마인드맵을 빠르게 생성할 수 있습니다. 이를 통해 브레인스토밍을 더 효율적으로 진행할 수 있습니다.

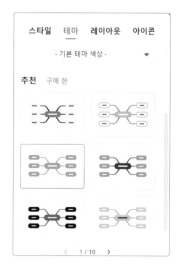

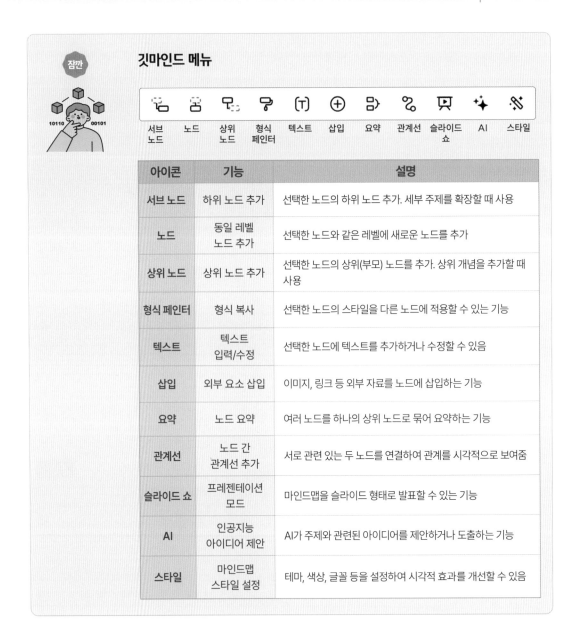

### ③ 깃마인드를 활용해 브레인스토밍하기

깃마인드의 인공지능을 활용해 브레인스토밍을 수행해 보겠습니다.

### 1단계 깃마인드 웹 사이트 접속 및 로그인하기

깃마인드 웹 사이트에 접속하여 구글 계정으로 로그인합니다.

🌐    https://gitmind.com/kr/

## 2 단계 중심 주제 프롬프트 작성하기

[GitMind AI]의 [마인드 맵핑] 메뉴를 선택합니다. 사용자가 마인드맵의 중심에 해결하고자 하는 주제를 프롬프트에 입력합니다. 예를 들어, '프롬프트'에 '탄소 중립'이라고 입력합니다.

깃마인드의 인공지능은 '탄소 중립'과 관련된 주요 키워드나 하위 주제를 추천합니다. 인공지능은 탄소 중립 정의, 중요성, 실천 방법 등의 하위 주제를 제안할 수 있습니다. 예를 들어, 실천 방법은 재생 가능 에너지 사용, 에너지 효율 개선, 탄소 포집 기술을 제시해 주기도 합니다.

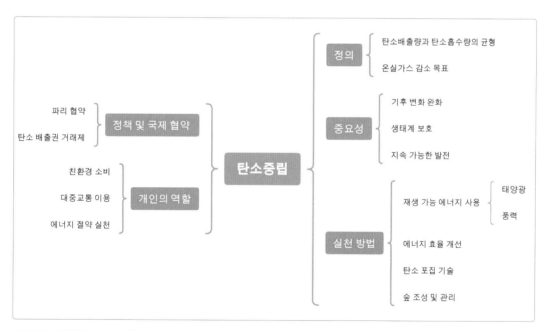

△ 깃마인드가 생성한 마인드맵 예(생성형 AI로 만들어지므로 결과값은 매번 다르며, 설명이 포함된 하위 노드는 삭제했습니다.)

### **3** 단계 **아이디어 확장 및 수정하기**

개별 학생 또는 모둠별로 마인드맵을 공유하여 마인드맵에서 아이디어를 확장하는 시간을 갖도록 합니다.

학생은 인공지능이 제시한 키워드를 활용해 마인드맵을 확장해 나가면서 추가적인 하위 주제를 직접 입력하거나, 제시된 키워드에 대한 설명을 추가합니다. 또한 인공지능의 제안에 따라 새로운 아이디어를 추가합니다. 예를 들어, '재생 가능 에너지 사용'에서 '태양광', '풍력', '수력' 등의 하위 주제를 세분화할 수 있습니다.

또한 인공지능이 제시한 키워드들 중에 학생들이 추가로 내용을 찾아서 정리하기도 하고, 아이디어를 확장하거나 필요없는 것을 삭제합니다.

▲ [AI부조종사] 메뉴를 이용하여 궁금한 부분을 직접 물어보면서 학습을 수행한다.

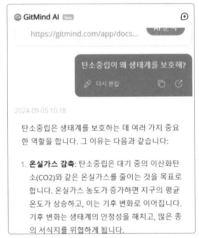

▲ 학생이 아이디어나 내용을 추가하여 확장한 것은 스타일 (✎) 메뉴를 선택하여 노드의 색깔을 바꾸어 구분이 되도록 한다.

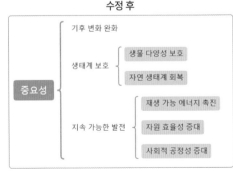

## 4 단계 연관성 분석하기

개별 학생 또는 모둠별로 마인드맵을 공유하여 마인드맵에서 아이디어를 확장하는 시간을 갖도록 한 후, 연관성이 있는 아이디어들을 분석하여 연관성을 파악하고 연결할 수 있도록 합니다.

예를 들어, 탄소 배출권 거래제는 기업이 배출할 수 있는 탄소량을 제한하는 시스템입니다. 기업들이 배출권을 구매하지 않기 위해 에너지 효율을 개선하는 기술에 투자하게 됩니다.

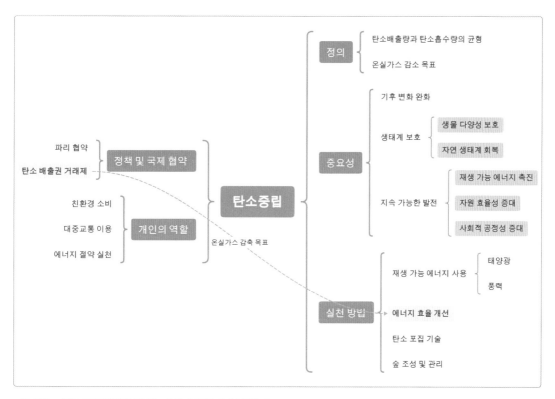

· 관계선( ✍ )을 이용하여 연관성이 있는 아이디어들을 찾아 연결한다.

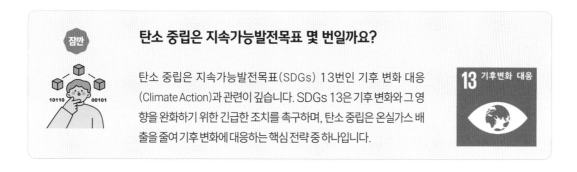

### 탄소 중립은 지속가능발전목표 몇 번일까요?

탄소 중립은 지속가능발전목표(SDGs) 13번인 기후 변화 대응 (Climate Action)과 관련이 깊습니다. SDGs 13은 기후 변화와 그 영향을 완화하기 위한 긴급한 조치를 촉구하며, 탄소 중립은 온실가스 배출을 줄여 기후 변화에 대응하는 핵심 전략 중 하나입니다.

13 기후변화 대응

NOTE **우리나라 지속가능발전목표 현황 데이터 탐색하기**

지속가능발전목표(SDGs; Sustainable Development Goals)는 인류의 보편적인 발전을 위해 전 세계 모든 국가가 2030년까지 달성하기로 합의한 변혁적인 목표를 말합니다. 이 목표에는 사람(People), 지구(Planet), 번영(Prosperity), 평화(Peace), 파트너십(Partnership)에 기반한 17개의 목표와 169개 세부 목표가 담겨져 있습니다.

통계청은 지표누리에서 한국의 지속가능발전목표 데이터 서비스를 제공하고 있습니다.

△ 지표누리 지속가능발전목표 : index.go.kr/sdg

이 사이트에는 우리나라의 지속가능발전목표 수행 현황을 볼 수 있습니다. 예를 들어, 우리나라의 온실가스 배출량을 확인하고 싶으면 다음과 같은 단계로 확인할 수 있습니다.

1　지표누리 지속가능발전목표 사이트에 접속합니다.

　https://index.go.kr/sdg

2　"13번 기후 변화 대응"을 선택합니다.

3　"13.2.2 연간 온실가스 총 배출량" 메뉴를 선택합니다.

| 온실가스 | 설명 |
|---|---|
| 이산화탄소 (CO$_2$) | 가장 널리 알려진 온실가스입니다. 주로 화석연료 연소와 산업 공정에서 발생하며, 지구 온난화의 주요 원인으로 지목됩니다. |
| 메탄(CH$_4$) | 주로 농업, 축산업, 폐기물 처리 과정에서 발생합니다. 이산화탄소에 비해 대기 중 농도는 낮지만, 온실 효과가 더 강력합니다. |
| 아산화질소 (N$_2$O) | 농업 활동, 화학 산업, 연료 연소 등에서 발생합니다. 이 가스는 이산화탄소보다 훨씬 강력한 온실 효과를 가집니다. |
| 수소불화탄소 (HFCs) | 주로 냉매, 소화제, 발포제 등으로 사용됩니다. 오존층을 파괴하지 않지만, 강력한 온실 효과를 가집니다. |
| 과불화탄소 (PFCs) | 반도체 제조 과정이나 알루미늄 생산 과정에서 주로 발생합니다. 매우 안정적이어서 대기 중에 오래 남아 있습니다. |
| 육불화황 (SF$_6$) | 전기 절연체로 주로 사용되며, 가장 강력한 온실가스 중 하나입니다. 이산화탄소보다 약 23,900배 더 강한 온실 효과를 가집니다. |

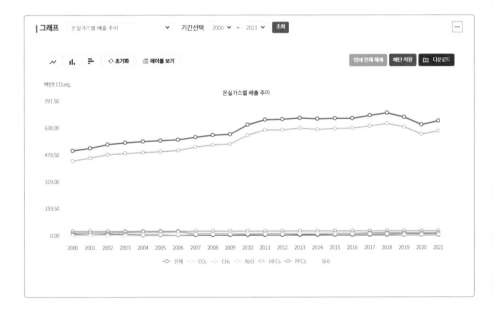

# 수업 | 지속가능발전목표 수행을 위한 탄소 중립 프로젝트

프로젝트 기반 학습<sup>PBL; Project-Based Learning</sup>은 실제적인 문제 또는 과제를 중심으로, 학생들이 개별 학습과 협력적 활동을 통해 해결안을 마련하는 학습자 중심의 교수-학습 방법입니다.

지속가능발전목표 수행을 위한 탄소 중립이라는 목표를 두고, 마인드맵을 통해 브레인스토밍을 하며, 학생들이 각자의 역할에서 문제를 해결하는 과정을 수행하겠습니다.

| 1<br>프로젝트<br>준비하기 | 탄소 중립<br>이해하기 | 한 끼 밥상 탄소 배출량 확인하기 |
| --- | --- | --- |
| | | 질문 생성으로 탄소 중립의 필요성 이해하기 |

| 2<br>프로젝트<br>계획하기 | 탄소 중립<br>아이디어 산출하기 | AI 마인드맵으로 브레인스토밍하기 |
| --- | --- | --- |
| | | 마인드맵 공유하기 |

| 3<br>프로젝트<br>수행하기 | 탄소 중립<br>해결 방안 수행하기 | 역할에 따른 탄소 중립 해결 방안 수행하기 |
| --- | --- | --- |

| 4<br>프로젝트<br>공유 및 성찰<br>하기 | 탄소 중립<br>해결책 공유하기 | 탄소 중립 해결 방안 발표 및 공유하기 |
| --- | --- | --- |
| | | 인공지능 피드백을 통해 탄소 중립 해결 방안 수정 보완하기 |

| 준비물 | <ul><li>한끼 밥상 탄소 계산기 사이트</li><li>에스크 스마일(Ask SMILE)</li><li>텍스트 생성형 검색 엔진 AI: 퍼플렉시티(Perplxeity) 등</li><li>마인드맵 생성형 AI: 깃마인드(GitMind) 등</li><li>텍스트 생성형 AI: ChatGPT, 클로드(Claude), 뤼튼(Wrtn) 등</li><li>이미지 생성형 AI: 캔바(Canva), 달리(DALL-E), Dream AI 등</li><li>구글 슬라이드(Google Slide)</li><li>공유 플랫폼(패들렛, 퀴즈앤 보드 등)</li></ul> |
| --- | --- |

## 1단계 프로젝트 준비하기 : 탄소 중립 이해하기

| | |
|---|---|
| **목표** | 탄소 중립이 필요한 이유를 이해하고, 일상생활에서의 탄소 배출을 파악한다. |
| **활동 내용** | 하루 중 밥상에서 발생하는 탄소 배출량을 확인하고, 질문을 만들면서 탄소 발생이 생기는 원인을 탐색하고 이유를 분석한다. |

### 1 한끼 밥상 탄소 배출량 확인하기

- 오늘 어떤 음식을 먹었나요? 오늘 먹은 음식은 얼마나 많은 탄소 배출량을 배출했는지 계산해 봅시다.

- '한끼 밥상 탄소 계산기'를 검색해 사이트에 들어갑니다.

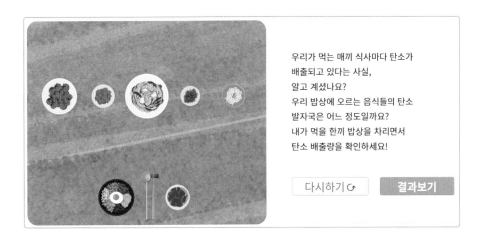

한끼 밥상 탄소 계산기 https://interactive.hankookilbo.com/v/co2e/

| 오늘의 식사 | 비빔밥(산채), 미역국, 잡채, 숙주나물, 쑥갓나물, 깍두기, 방울토마토 |
|---|---|
| 한끼 식사 온실가스 배출 | 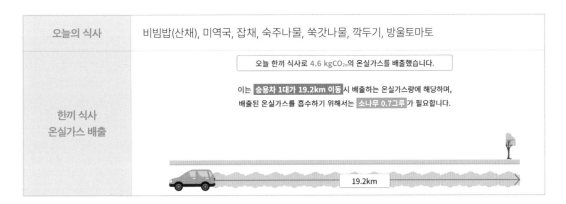 |

오늘 한끼 식사로 4.6 $kgCO_2e$의 온실가스를 배출했습니다.

이는 **승용차 1대가 19.2km 이동**시 배출하는 온실가스량에 해당하며, 배출된 온실가스를 흡수하기 위해서는 **소나무 0.7그루**가 필요합니다.

19.2km

**2** 질문 생성으로 탄소 중립의 필요성 이해하기

한끼 식사에서 발생하는 탄소 배출량을 이해하는 질문을 만들고 이유를 찾아봅시다.

 에스크 스마일(Ask SMILE) https://ask.smile.seedsofempowerment.org/
퍼플렉시티(Perplxeity) https://www.perplexity.ai/

 비빔밥의 재료들을 보고 탄소 배출에 대해 질문을 만들어 봅시다.

비빔밥 재료: 소고기, 달걀, 콩나물, 시금치, 당근, 무채 등

(질문 예)
- 비빔밥 재료 중 어떤 것이 가장 많은 탄소를 배출할까요?
- 음식 재료의 운송 거리가 길어질수록 탄소 배출량이 증가하는 이유는 무엇일까요?
- 학교 급식에서 탄소 배출을 줄이기 위한 식단을 설계할 때 어떤 식재료를 선택하고 그 이유는 무엇인가요?
- 채식 식단이 온실가스 배출을 줄이는 이유는 무엇일까요?
- 비빔밥에 들어가는 육류와 채소가 탄소 배출량에 미치는 영향의 차이는?
- 일상생활에서 탄소 배출을 줄일 수 있는 방법은 어떤 것이 있을까요?
- 탄소 중립을 위한 새로운 요리법을 제안하고, 그 요리법이 탄소 배출을 줄이는 데 어떻게 기여할 수 있는지 설명할 수 있나요?

에스크 스마일Ask SMILE 플랫폼을 이용해 자신의 질문이 블룸의 신교육목표분류 단계 중 어느 단계인지 확인해 보고, 고차원의 질문을 만들어 봅니다.

## 질문하기

GPT의 도움으로 귀하의 질문은 Bloom의 분류법에 맞춰 레벨 1에서 레벨 5까지의 평가 기준에 따라 평가됩니다.

비빔밥에 들어가는 육류와 채소가 탄소 배출량에 미치는 영향의 효과는?

질문 제출

이 질문은 레벨 3으로 평가할 수 있습니다. 질문은 비빔밥에 참여하여 탄소 영향 효과를 분석하고 수 있는 능력을 요구하며, 원인과 결과를 추구하는 것입니다. 이 질문은 그 사람의 응답을 요구하는 것이 아니라 관련 정보를 조사하고 분석하여 더 많은 답변을 찾을 수 있도록 유도합니다.

좋은 질문이지만, 한 단계 더 조작할 수 있는 기회가 있습니다! 만약 "비빔밥에 참여하는 것과 허브의 탄소 성질이 달라지는 것과 관계에 영향을 미치는 것은 무엇입니까, 그것이 우리의 식습관을 어떻게 활용하도록 할 수 있습니까?"와 같이 공동으로 조건적 구조를 추가하는 경우 더 높은 수준의 질문이 될 것입니다. 이러한 방식으로 질문을 전개하여 분석적인 사고를 더욱 촉진할 수 있습니다.

웹 페이지를 한국어로 번역해 보세요.

---

**NOTE** **Ask SMILE 질문 플랫폼으로 질문 평가받기**

Ask SMILE은 학생들이 스스로 질문을 생성하고 이를 학습에 적용할 수 있는 학습 플랫폼입니다. 이 시스템은 인공지능을 활용해 학생들이 작성한 질문을 즉시 평가하고 피드백을 제공합니다. 이 플랫폼은 학생들의 자기주도학습을 장려하며, 동료 평가를 통해 학습의 질을 높이는데 도움을 줄 수 있습니다.

https://ask.smile.seedsofempowerment.org/

### 질문하기

GPT의 도움으로 귀하의 질문은 Bloom의 분류법에 맞춰 레벨 1에서 레벨 5까지의 평가 기준에 따라 평가됩니다.

저탄소 식단을 설계하려면 어떤 것을 고려해야 할까요?

질문 제출

이 질문은 레벨 3의 질문으로 평가할 수 있습니다. 이 질문은 저탄소를 설계하는 데 필요한 요소를 분석하고 평가해야 하기 때문에 적적 사고와 지식을 요구합니다. 질문하는 사람의 환경, 영양, 식품 생산 과정 등의 다양한 요소를 고려하여 저탄소 숫을 설계하는 방법에 대한 답변을 제공해야 할 것입니다.

SMILE(Stanford Mobile Inquiry-based Learning Environment)은 스탠퍼드 대학교에서 개발한 학습 도구로, 학생들이 스스로 질문을 생성하고 그 질문을 동료 학생들과 공유하여 학습을 촉진하는 시스템입니다.

https://portal.smile-pi.org/smile/

Ask SMIL은 학생들이 수업 중 배운 내용을 바탕으로 질문을 만들고, 그 질문을 블룸의 신교육목표분류(Bloom's Taxonomy)에 따라 질문의 인지적 수준을 높여갈 수 있도록 제시하고 있습니다.

### * 블룸의 신교육목표분류

블룸의 신교육목표분류(Bloom's Taxonomy)는 학습 목표를 인지적 복잡성의 수준에 따라 분류한 이론입니다. 이 분류는 교육자가 학생의 학습을 평가하거나 목표를 설정할 때 참고하는 지표로 활용됩니다. 신교육목표분류는 아래 6단계로 구성됩니다.

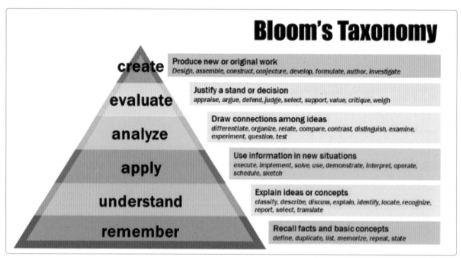

**1단계** **Remember(기억하기):** 기본적인 사실과 개념을 기억하는 단계입니다. 이 단계에서 학생들은 단순히 정보를 기억하고 재현하는 능력을 키웁니다.

　⑩ 정의하기, 나열하기, 반복하기

**2단계** **Understand(이해하기):** 기억한 정보를 바탕으로 개념을 설명하고 해석하는 단계입니다. 학생들이 학습 내용을 제대로 이해했는지 확인하는 데 중점을 둡니다.

　⑩ 설명하기, 요약하기, 해석하기

**3단계** **Apply(적용하기):** 배운 지식을 새로운 상황에 적용할 수 있는 능력입니다. 학생들은 학습 내용을 실제 문제나 상황에 응용합니다.

　⑩ 해결하기, 실행하기, 사용하기

**4단계** **Analyze(분석하기):** 학습된 정보를 분석하고 요소 간의 관계를 파악하며, 개념을 나누어 검토하는 단계입니다.

　⑩ 비교하기, 대조하기, 조직하기

**5단계** **Evaluate(평가하기):** 특정 기준에 따라 학습 내용을 평가하거나 결정을 내리는 능력입니다.

　⑩ 판단하기, 비판하기, 옹호하기

**6단계** **Create(창조하기):** 기존 지식을 바탕으로 새로운 것을 창조하는 가장 높은 수준의 사고력 단계입니다. 학생들은 새로운 개념을 조합하거나 독창적인 작업을 수행합니다.

　⑩ 설계하기, 조합하기, 제작하기

퍼플렉시티<sup>Perplexity</sup>를 이용해 사용자가 만든 질문에 대한 검색 결과를 확인해 요약 정리하고, 탄소 중립이 왜 필요한지 작성할 수 있도록 합니다.

▶ 퍼플렉시티를 이용한 질문 검색 결과

# 비빔밥에 들어가는 육류와 채소가 탄소 배출량에 미치는 영향의 차이는?

## Sources

[V팩트체크] 해산물은 육류에 비해 탄소발자국이 적...
veganne... · 1

고기 많은 식단, 온실가스 최대 4배 많다...옥스퍼...
J joongan... · 2

"푹 끓일수록 온실가스 늘어난다" 한식의 탄소발자...
veganne... · 3

View 5 more

Carbon Foodp
탄소 발자국 비교

View More

Search Videos +

PRO Generate Image +

## Answer

비빔밥의 재료 구성에 따른 탄소 배출량의 차이는 상당할 수 있습니다.

육류와 채소의 탄소 발자국 비교

육류, 특히 소고기는 채소에 비해 훨씬 높은 탄소 발자국을 가집니다. 소고기는 1kg 생산 시 약 20-40kg의 이산화탄소를 배출하는 반면 2, 채소류의 탄소 발자국은 이에 비해 현저히 낮습니다.

---

잠깐

### 퍼플렉시티(Perplexity)

퍼플렉시티 AI는 AI 기반 검색 엔진으로, 사용자가 질문을 입력하면 실시간으로 검색 결과 (Answer)를 요약하고, 관련 출처(Source)를 함께 제공하는 기능을 갖추고 있습니다. 단순히 웹페이지 목록을 제공하는 기존 검색 엔진과 달리, 퍼플렉시티는 질문에 대한 직접적인 답변을 생성하여 사용자가 정보를 더 쉽게 찾을 수 있도록 돕습니다.

https://www.perplexity.ai/

---

## 2단계 프로젝트 계획하기: 탄소 중립 아이디어 산출하기

AI가 생성한 마인드맵을 이용해 브레인스토밍을 통해 마인드맵을 확장하는 활동을 수행합니다. 이때 각 학생이 AI로 만든 마인드맵에서 확장하면서 브레인스토밍합니다.

| 목표 | 탄소 중립 아이디어를 마인드맵을 이용해 브레인스토밍해서 아이디어를 산출한다. |
| --- | --- |
| 활동 내용 | • 인공지능 마인드맵 도구를 이용하여 탄소 중립 아이디어를 산출한다.<br>• 공유 플랫폼을 이용해 마인드맵을 공유한다. |

## 1  AI 마인드맵으로 브레인스토밍하기

• 모둠별로 깃마인드를 이용하여 '탄소 중립'을 주제로 한 초기 마인드맵을 생성하고 브레인스토밍
으로 마인드맵을 확장합니다.

     깃마인드(GitMind) https://gitmind.com/kr/

     공유 플랫폼(패들렛, 퀴즈앤 보드 등)

• 학생들은 각 주제를 중심으로 브레인스토밍을 진행하며, 추가로 하위 노드를 만들고 관련 개념이나
주제를 연결하는 활동을 합니다.

     ▶ 각 학생이 특정 주제를 담당하면서 하위 노드를 확장합니다.

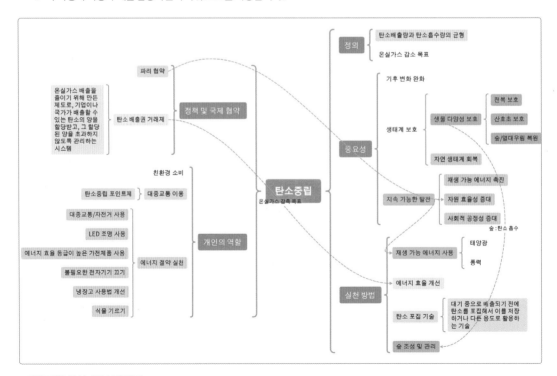

▴ 마인드맵으로 브레인스토밍하기

## 2 마인드맵 공유하기

- 마인드맵으로 브레인스토밍한 결과를 그림으로 다운로드합니다.

- 다른 모둠의 브레인스토밍한 결과를 공유합니다. 우리 모둠에는 없고, 다른 모둠에서 나온 내용이 있는지 살펴보고, 좋은 아이디어에 대해 댓글을 작성해 줍니다.

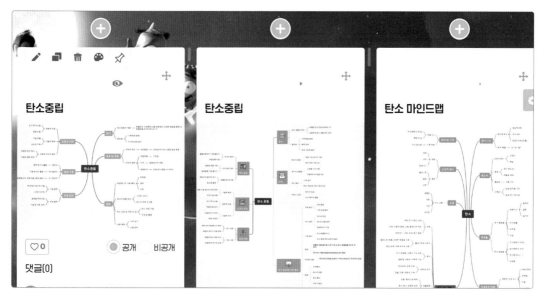

△ 마인드맵 공유하기

### AI로 만든 마인드맵과 추가한 노드를 구분해 보세요

AI로 만든 마인드맵에서 학생들이 추가로 노드를 만들 때

1. AI로 만든 마인드맵을 저장해서 공유합니다.

2. 자신이 작업한 노드는 스타일 (✎)을 이용하여 색깔로 표시한 후에 저장해서 공유합니다.

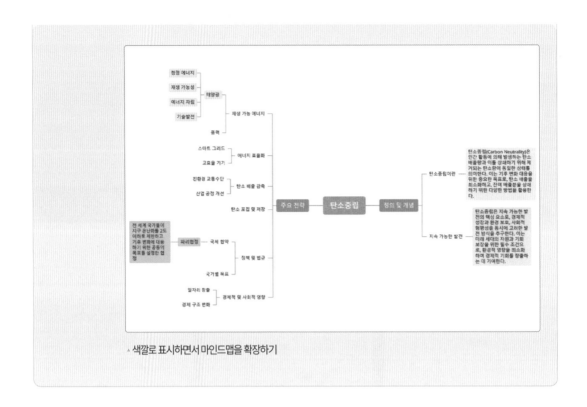

▲ 색깔로 표시하면서 마인드맵을 확장하기

## 3 단계  프로젝트 수행하기 : 탄소 중립 해결 방안 수행하기

| 목표 | 역할에 따른 탄소 중립 문제 해결책을 논의하고 준비한다. |
|---|---|
| 활동 내용 | 인공지능 마인드맵 도구를 이용하여 역할별 탄소 중립 해결 방안을 수행한다. |

### 1 역할에 따른 탄소 중립 해결 방안 수행하기

역할에 따른 탄소 중립 해결 방안에 대해 마인드맵을 만들고, 발표 자료를 만듭니다.

깃마인드(GitMind) https://gitmind.com/kr/

캔바(Canva) https://www.canva.com/

구글 슬라이드(Google Slide) https://slide.new

- 역할에 따른 탄소 중립을 달성하기 위한 문제를 정의합니다. "내가 만약 ○○○라면 ○○○을 위해 어떻게 할까?"와 같은 문제를 정의하고 마인드맵을 만듭니다.

**#역할**: 기업가, 농부, 도시설계자, 소비자 등

    예   내가 만약 기업가라면 탄소 배출을 줄이거나 피할 수 있는 방법은 무엇일까?

- 생성형 AI와 마인드맵 내용을 활용하여 해결책을 도출합니다.

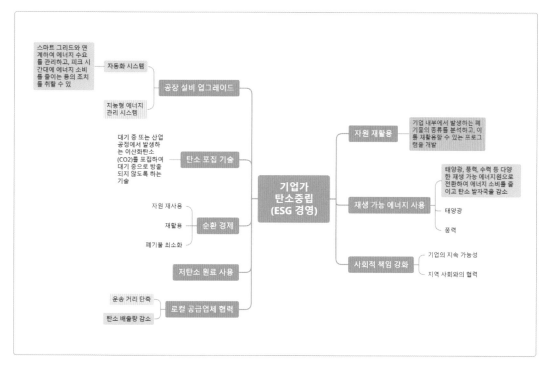

· 탄소 중립 실현을 위한 기업가 역할 마인드맵 만들기

탄소 중립 실현을 위해 역할마다 해야 할 일에 대해서 캔바의 생성형 AI를 이용해 그림으로 표현해 봅니다.

| 단계 | 실습 과정 |
|:---:|:---|
| 1 | 캔바를 실행시키고 로그인합니다. https://www.canva.com/ |
| 2 | 첫 웹 페이지에서 [프레젠테이션] 아이콘을 선택해서<br>새 프레젠테이션을 만듭니다. |
| 3 | 화면 왼쪽 메뉴에서 [요소]를 선택하고 아래로 내리면<br>[AI 이미지 생성기] 메뉴가 있습니다. [나만의 이미지<br>생성]을 선택합니다. |
| 4 | 마인드맵으로 브레인스토밍한 해결 방안 키워드들을 프롬프트에 작성합니다.<br>원하는 이미지 스타일을 선택합니다.<br><br>공장 설비 업그레이드해 에너지 효율 개선(자동화 시스템, 지능형 에너지 관리 시스템), 재생 가능 에너지(태양광, 풍력) 사용, 탄소 포집 기술 사용(CSS), 순환 경제(자원 재사용, 재활용, 폐기물 최소화), 저탄소 원료 사용, 로컬 공급 업체와 협력해 운송거리와 탄소 배출량 줄이기 |
| 5 | 프롬프트에 작성한 키워드들을 중심으로 이미지가 4개<br>생성됩니다.<br>가장 적합한 이미지를 선택하면 프레젠테이션에 이미지<br>가 복사됩니다. 이 이미지를 구글 슬라이드에 복사해서<br>사용할 수 있습니다.<br>구글 슬라이드나 캔바 프레젠테이션에 발표 자료를 완<br>성합니다. |

구글 슬라이드를 이용하여 역할별로 문제와 해결 방안, 그림을 작성합니다.

| 역할 | 기업가 |
|---|---|
| 문제 | 내가 만약 기업가라면 탄소 배출을 줄이거나 피할 수 있는 방법은 무엇일까? |
| 해결 방안 | 공장 설비를 업그레이드해 에너지 효율 개선(자동화 시스템, 지능형 에너지 관리 시스템), 재생 가능 에너지(태양광, 풍력) 사용, 탄소 포집 기술 사용(CSS), 순환 경제(자원 재사용, 재활용, 폐기물 최소화), 저탄소 원료 사용, 로컬 공급업체와 협력해 운송거리와 탄소 배출량 줄이기 |

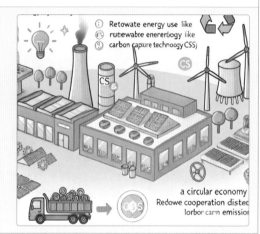

| 역할 | 농부 |
|---|---|
| 문제 | 탄소 배출을 줄이기 위해 농사를 어떻게 해야 할까? |
| 해결 방안 | 친환경 농법 도입, 재생가능 에너지 사용, 태양광 패널 설치, 풍력, 바이오 에너지 사용, 무경운 농업(토양을 갈아엎지 않고 유지하는 방식), 커버크롭(Cover Crops), 다양한 작물 순환, 탄소 포집숲 조성, 지역 농산물 소비 촉진, 스마트 농업 기술 도입 |

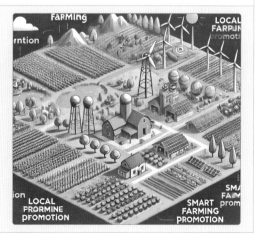

| 역할 | 도시 설계자 |
|---|---|
| 문제 | 도시에서 발생하는 많은 탄소 배출을 줄이기 위해 도시 설계와 구조를 어떻게 개선할 수 있을까? |
| 해결 방안 | 도시에 녹지와 숲을 조성, 공원 조성, 친환경 대중교통(수소나 전기 버스), 전기 자동차, 자전거 도로 확대 만들기, 녹색지붕, 태양광 패널과 같은 건물 설계, 보행자 친화적인 도시 설계, 스마트 도시 기술(신호등 제어 기술, IoT 기술로 에너지 소비 효율 관리), 쓰레기 재활용 시스템 강화, 순환 경제 |
| | 전기차 확산 및 충전 인프라 구축, 태양광, 풍력 등 재생 가능한 에너지 원으로 전력 공급하는 모습, 소비자가 휴대전화로 에너지 사용 데이터를 실시간으로 파악하는 모습 |

| 역할 | 소비자 |
|---|---|
| 문제 | 내가 하나의 개인으로 하는 소비가 탄소 중립에 얼마나 큰 기여를 할 수 있을까? 나 혼자 친환경 제품을 구매한다고 해서 큰 차이가 있을까? |
| 해결 방안 | 탄소 배출을 줄이는 소비패턴은 기업, 사회적 분위기와 인식변화를 불러옴.<br>친환경 제품 구매, 친환경 인증 제품, 버스와 지하철 탑승, 재활용 및 재사용 실천, 텀블러 사용, 자전거 사용 |

## 4 단계 프로젝트 공유 및 성찰하기 : 탄소 중립 해결책 공유하기

| 목표 | 역할별 탄소 중립 해결 방안을 발표하고, 수정 보완한다. |
|---|---|
| 활동 내용 | 탄소 중립 해결 방안을 발표하고 공유한다.<br>인공지능 피드백을 통해 탄소 중립 해결 방안을 수정 보완한다. |

### 1 탄소 중립 해결 방안 발표 및 공유하기

모둠별로 탄소 중립을 달성하기 위한 방안을 발표하고 공유합니다.

> 학생들이 역할 발표 후, 탄소 중립을 위해 해결하는 역할에 대해 토의하는 시간을 가질 수 있습니다.

🌐 구글 슬라이드(Google Slide) https://slide.new
브리스크 티칭(Brisk Teaching) https://briskteaching.com/kr

### 2 인공지능 피드백을 통해 탄소 중립 해결 방안 수정 보완하기

브리스크 티칭은 맞춤형 피드백을 제공해 학생들이 목표하는 학습 수준에 도달할 수 있도록 돕습니다.

> 브리스크 티칭 설치 및 사용 방법은 '6장. 생성형 AI로 발표 자료 개발 및 피드백하기'를 참고하세요.

| 단계 | 실습 과정 |
|---|---|
| 1 | 구글 슬라이드 발표 자료를 불러옵니다.<br> |

| 단계 | 실습 과정 |
|---|---|
| 2 | 브리스크 티칭 아이콘을 클릭합니다. [Give Feedback]을 선택합니다.<br><br>브리스크 티칭 아이콘 설치 방법은 **123**페이지에 있습니다. |
| 3 | 피드백 스타일 중 [Glow & Grow]를 선택합니다.<br>- [Glow & Grow]는 강점, 성장할 점, 탐구 질문을 제공합니다. |
| 4 | 'Korean', 'Standard AI', '8th Grade', 'Glow & Grow'를 선택하고 [Brisk It]을 선택합니다. |

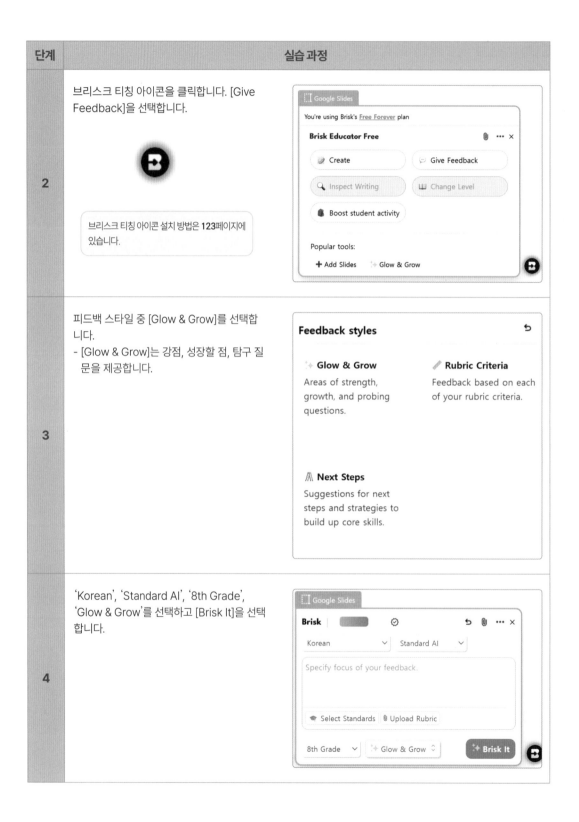

- [Glow & Grow] 메뉴를 실행시키면 강점$^{Glow}$, 성장할 점$^{Grow}$, 탐구 질문$^{Wondering}$ 결과가 나옵니다.

  ▸ 모둠별로 강점(Glow)을 파악하고, 성장할 점(Grow)과 탐구 질문(Wondering)을 보고 발표 보고서를 검토합니다.

  > **✹ Glow** 📋
  >
  > - 탄소 중립이라는 중요한 주제를 다양한 관점(기업가, 농부, 도시 설계자, 소비자)에서 접근한 점이 매우 체계적이고 인상적입니다.
  > - 각 직업군별로 슬라이드를 구분하여 정리한 구조가 명확하고 이해하기 쉽습니다.
  > - 실제 현장에서 실천 가능한 구체적인 방안을 다루고자 한 시도가 돋보입니다.

  > **⚓ Grow** 📋
  >
  > - 각 슬라이드의 내용을 좀 더 구체적으로 작성하면 좋겠습니다. 예를 들어, 각 직업군이 실천할 수 있는 구체적인 행동 방안을 2-3가지씩 추가하면 더욱 풍성한 내용이 될 것 같습니다.
  > - 시각적 요소(그래프, 이미지, 도표 등)를 활용하면 내용 전달이 더욱 효과적일 것 같습니다.
  > - 실제 사례나 성공 사례를 포함하면 더욱 설득력 있는 발표가 될 것 같습니다.

  > **Wondering** 📋
  >
  > - 이 직업군들을 선택한 특별한 이유가 있나요?
  > - 각 직업군별 실천방안 중 가장 효과적이라고 생각하는 것은 무엇인가요?
  > - 이러한 실천방안들이 실제로 적용된다면 어떤 긍정적인 변화가 일어날 것 같나요?

---

**NOTE** 뉴스 빅데이터 분석 플랫폼으로 연관어 탐색하기

빅카인즈(BIG KINDS)는 한국언론진흥재단에서 운영하는 뉴스 빅데이터 분석 시스템으로, 다양한 언론사에서 수집한 뉴스를 빅데이터 분석 기술과 결합하여 제공합니다. 1990년부터 현재까지 축적된 약 7천만 건의 뉴스 데이터를 포함하고 있으며, 이를 통해 사용자들은 뉴스 속 키워드, 인물, 기관 간의 관계망 분석, 주요 이슈의 트렌드 파악 등을 할 수 있습니다.

로그인을 하면 빅카인즈를 통해 뉴스 콘텐츠를 시각화하고, 데이터 분석 도구를 활용해 키워드 트렌드, 연관어 분석, 관계도 등을 볼 수 있습니다.

https://www.bigkinds.or.kr/

| 단계 | 실습 과정 | |
|---|---|---|
| 1 | 빅카인즈 사이트에서 로그인을 합니다. | **BIG Kinds** 뉴스 분석 / 뉴스검색·분석 |
| 2 | [뉴스 분석] - [뉴스검색·분석] 메뉴를 선택합니다. | |
| 3 | **[Step 01] 뉴스 검색**<br><br>검색할 키워드를 입력합니다. 예 밀키트<br>기간, 언론사, 통합분류, 사건사고분류 등을 선택하고 [적용하기] 버튼을 클릭합니다.<br><br>| 기간 | 1년 |<br>| 언론사 | 전국 일간지 |<br>| 통합분류 | 정치, 경제, 사회, 문화, 국제, 지역, IT_과학 |<br>| 사건사고분류 | 범죄, 사고, 재해, 사회 | | |
| 4 | **[Step 02] 검색 결과**<br><br>해당 뉴스 기사의 검색 결과가 나옵니다. | |

| 단계 | 실습 과정 |
|---|---|
| 5 | **[Step 03] 분석 결과 및 시각화**<br><br>검색한 뉴스 기사 결과를 분석, 시각화해서 보여 줍니다.<br><br>① **데이터 다운로드:** 검색한 뉴스의 메타 데이터(언론사, 기고자, 제목 등) 등의 분석 데이터를 엑셀 파일로 제공합니다.<br><br>② **관계도 분석:** 검색 결과 중 정확도 상위 100건의 분석 뉴스에서 추출된 개체명(인물, 장소, 기관, 키워드) 연결 관계를 네트워크 형태로 시각화한 서비스를 제공합니다. 노드를 선택하면 해당 기사들을 볼 수 있습니다.<br><br>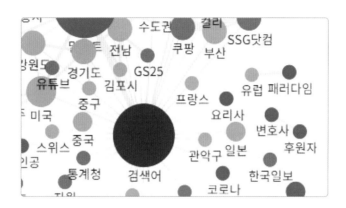<br><br>③ **키워드 트렌드:** 검색한 키워드가 포함된 뉴스 건수를 일간/주간/월간/연간 그래프로 제공합니다.<br><br>   🅔 밀키트가 포함된 뉴스 건수를 월별, 세로 막대형으로 시각화한 경우<br><br>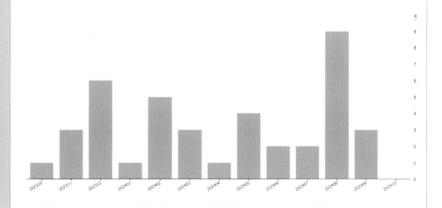 |

**NOTE** 프롬프트로 질문을 만들어 탄소 중립 해결 방안 탐색하기

학생들이 모둠별로 마인드맵으로 브레인스토밍하는 방법 외에 개별 활동으로 학생들이 직접 텍스트 생성형 AI를 이용해 프롬프트로 탄소 중립 문제 해결 방안을 탐색할 수 있습니다.

교사는 학생들에게 역할과 상황을 제시해 주고, 학생은 그 역할과 상황에 맞추어 프롬프트를 작성해 문제 해결 방안을 탐색하면 다음과 같습니다.

## 1 기업가 역할

**상황**    당신은 기업가로 탄소 배출권을 사야 합니다. 탄소 배출 문제 해결 방안을 탐색해 보세요.

> 우리 회사가 탄소 배출을 많이 하는 제조업체인데, 탄소 배출권을 사야 하는 상황이야. 추가 비용이 발생할 수 있는데, 이를 줄이거나 피할 방법은 없을까? 20줄 이내로 정리해 줘.

**탄소 배출권 비용 절감 및 회피 전략**

☑ **1. 내부 감축 노력**
- **에너지 효율 개선**: 스마트 공정 도입, 폐열 회수 시스템 활용
- **친환경 연료 전환**: 재생에너지, 수소, 바이오연료 사용
- **탄소 포집·저장(CCUS) 기술 도입**

☑ **2. 배출권 비용 절감 전략**
- **배출권 가격이 낮을 때 선구매**
- **자체 감축 프로젝트 수행**: 초과 감축분을 배출권 시장에서 판매
- **탄소 크레딧 확보**: 산림 조성, 신재생에너지 투자

☑ **3. 정부 지원 및 정책 활용**
- 탄소 저감 기술 도입 시 **세금 감면 및 보조금** 활용
- 친환경 사업 투자 시 **R&D 지원금** 확보

☑ **4. 협력사 및 공급망 개선**
- 원자재 공급망에서 탄소 감축 유도
- 친환경 운송·물류 시스템 도입

💡 **결론**: 탄소 배출권 비용 절감을 위해 **공정 혁신, 정부 지원 활용, 배출권 거래 전략**을 병행해야 함!
🏆🖋

## 2 소비자 역할

**상황**    당신이 소비자라면, 친환경 소비가 탄소 중립에 얼마나 영향을 미친다고 생각하나요?

> 내가 하나의 개인으로서 하는 소비가 탄소 중립에 얼마나 큰 기여를 할 수 있을까? 나 혼자 친환경 제품을 구매한다고 해서 큰 차이가 있을까? 20줄 이내로 정리해 줘.

**개인의 친환경 소비, 탄소 중립에 얼마나 기여할 수 있을까?**

☑ **1인당 연간 평균 탄소 배출량**

- 한국: 약 10~12톤 $CO_2$
- 탄소 중립 목표: 1인당 2톤 이하로 감축

☑ **개인이 줄일 수 있는 탄소 배출량**

- 🚲 대중교통·자전거 이용: 연간 0.5~1톤 감소
- 🥗 채식·로컬푸드 소비: 1~2톤 감소
- 💡 에너지 절약(LED·대기전력 차단): 0.3~0.7톤 감소
- ♻ 재생에너지 전력 사용: 2~3톤 감소

☑ **개인의 소비가 중요한 이유**

- 많은 사람이 친환경 소비를 하면 기업·정부 정책이 변화
- 전기차·친환경 제품 수요 증가 → 기업의 친환경 기술 투자 유도
- 정부 정책도 탄소 중립을 지지하는 방향으로 발전

🏆 **결론:**
"나 하나로는 부족하지만, 수많은 개인이 모이면 거대한 변화가 가능하다!" 🌍✨

---

## 3  정부 정책 입안자 역할

**상황**   당신이 정부 정책 입안자라면, 탄소 중립을 달성하기 위해 어떤 정책을 수립해야 할까요?

🤖 우리나라가 탄소 중립 목표를 달성하기 위해서는 여러 산업과 국민의 협조가 필요해. 어떻게 하면 모든 부문에 참여하고 실질적인 변화를 이끌어 낼 수 있을까? 20줄 이내로 정리해 줘.

**탄소 중립 달성을 위한 전략 (정부·기업·국민 협력)**

☑ **정부 역할**

- 탄소세 및 배출권 거래제 강화
- 재생에너지 투자 확대 및 신재생에너지 전환 지원
- 기업 친환경 전환 세제 혜택 및 보조금 제공
- 탄소 중립형 도시 계획(대중교통, 스마트 그린도시)

☑ **기업 역할**

- 탄소 감축 기술(CCUS) 및 에너지 효율 기술 도입
- ESG 경영 강화 및 RE100(재생에너지 100%) 참여 확대
- 친환경 원료 및 저탄소 생산 공정 도입
- 전기차·수소차 생산 확대 및 공급망 내 탄소 절감

☑ **국민 역할**

- 대중교통·전기차 이용, 에너지 절약 실천
- 저탄소 소비(친환경 제품, 로컬푸드·채식) 생활화
- 탄소중립 교육 강화 및 시민 정책 참여 확대

🏆 **결론:** 정부·기업·국민이 함께 탄소 중립을 실천해야 실질적 변화가 가능! ✍✨

06

# 생성형 AI로
# 발표 자료 개발 및
# 피드백하기

# 01 | 생성형 AI를 활용한 피드백의 효과성

생성형 AI 플랫폼은 학습자에게 즉각적이고 맞춤형 피드백을 제공하여 학습 성과를 효과적으로 향상시킵니다.

인공지능의 도움으로 학생들은 다양한 아이디어를 시도하고 수정할 수 있어, 학습 내용을 보다 깊이 이해하게 됩니다.

인공지능은 즉각적인 피드백을 제공해 학생들이 실시간으로 수정하고 개선할 수 있도록 돕습니다. 또한 학습자의 강점과 약점을 기반으로 한 세부 피드백을 통해 개별 맞춤형 학습이 가능해지며, 부족한 부분을 보완할 수 있도록 추가 자료를 제공하여 깊이 있는 학습을 유도합니다.

이러한 과정을 통해 학생들은 지속적으로 수정하고 재학습하며, 자기 성찰을 통해 학습 과정을 돌아보고 개선점을 찾는 능력을 키울 수 있습니다.

| 발표<br>자료 | 역할 | 기업가 |
|---|---|---|
| | 문제 | 내가 만약 기업가라면 탄소 배출을 줄이거나 피할 수 있는 방법은 무엇일까? |
| | 해결<br>방안 | 공장 설비를 업그레이드해 에너지 효율 개선(자동화 시스템, 지능형 에너지 관리 시스템), 재생 가능 에너지(태양광, 풍력) 사용, 탄소 포집 기술 사용(CSS), 순환 경제(자원 재사용, 재활용, 폐기물 최소화), 저탄소 원료 사용, 로컬 공급업체와 협력해 운송거리와 탄소 배출량 줄이기 |

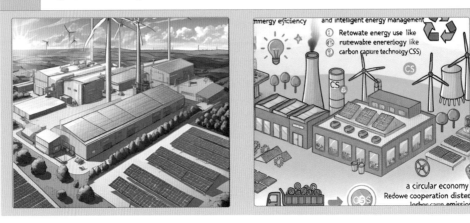

인공지능
피드백

★ Glow 🗐

- 다양한 직업군이 탄소 중립을 실천할 수 있는 방안을
제시한 점이 매우 인상적이에요. 각 직업군의 역할을
구체적으로 생각한 점이 돋보입니다.
- 슬라이드 구성에서 각 직업군을 별도로 다루어 이해
하기 쉽게 만든 점이 좋습니다.

🌱 Grow 🗐

- 각 슬라이드에 실천방안을 좀 더 구체적으로 설명해
주면 좋겠어요. 예를 들어, 기업가가 어떤 방식으로 탄
소 중립을 실천할 수 있는지 구체적인 예시를 추가해
보세요.
- 슬라이드에 텍스트만 있는 것보다 관련 이미지를 추
가하면 시각적으로 더 흥미롭고 이해하기 쉬울 것 같
습니다.

❔ Wondering 🗐

- 각 직업군이 탄소 중립을 실천하는 과정에서 어떤 어
려움이 있을 수 있는지 생각해본 적 있나요? 그 어려움
을 어떻게 극복할 수 있을지에 대한 방안도 함께 제시
해보면 좋을 것 같아요.
- 탄소 중립을 실천하는 과정에서 정부나 지역 사회의
역할은 무엇일까요? 이 부분도 함께 다루어 보면 발표
가 더 풍부해질 것 같습니다.

▴ 발표 자료에 대한 인공지능 피드백(잘한점, 개선이 필요한 부분, 질문)

SECTION

# 02 | 감마를 이용한 발표 자료 만들기

매력적이고 깔끔한 발표 자료는 청중의 관심을 끄는 데 중요한 요소입니다. 감마는 누구나 쉽고 빠르게 전문적인 발표 자료를 만들 수 있도록 도와주는 도구입니다.

## ① 감마

감마Gamma는 생성형 인공지능 기반의 프레젠테이션 도구로, 사용자가 쉽게 발표 자료나 시각적 자료를 만들 수 있도록 도와줍니다. 이 도구는 텍스트 작성, 이미지 삽입, 디자인 등의 과정을 자동으로 인공지능이 처리해서 효과적으로 작업을 완료할 수 있도록 설계되어 있습니다.

🌐 감마(Gamma) https://gamma.app/ko

감마는 프레젠테이션뿐 아니라 웹 페이지, 문서 형식으로 생성이 가능합니다.

## ② 감마를 이용한 발표 자료 만들기

감마를 이용해 발표 자료를 만드는 방법은 다음과 같이 3가지 방법이 있습니다.

구글 계정으로 로그인해서 사용할 수 있습니다.

△ 감마로 발표 자료 만들기

## (1) 텍스트로 붙여넣기

노트나 개요 또는 기존 콘텐츠를 추가하는 방법입니다. 정리된 자료를 붙여 넣거나, 텍스트 생성형 AI를 통해 생성된 내용을 복사하여 사용할 수 있습니다. 텍스트로 붙여넣기를 선택하면 개별 슬라이드로 자동 분리하지 않고, 제공된 자료를 전체적으로 발표 자료 형식에 맞춰 정리해 줍니다.

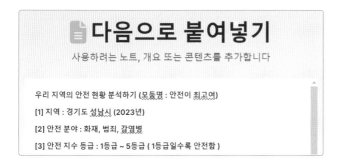

## (2) 생성

자료를 미리 준비하지 않고, 감마 생성형 AI에게 직접 프롬프트를 작성하여 발표 자료를 만드는 방법입니다. 이 메뉴는 시간과 노력을 절약하면서도 체계적인 자료를 준비할 수 있도록 돕는 유용한 도구입니다.

### 1단계 [생성] 메뉴를 선택해 프롬프트 작성하기

[생성] 메뉴를 선택한 후 '프레젠테이션', '8개 카드', '한국어'를 선택하고 프롬프트를 작성합니다. [개요 생성]을 선택하면 다음과 같이 발표 자료의 전반적인 개요를 생성합니다. 이 개요를 직접 조정하거나 추가할 수 있습니다.

[생성] 프롬프트를 작성하고, [개요 생성]을 선택합니다.

[개요 생성] 프레젠테이션의 전반적인 개요를 생성합니다.

## 2단계　프레젠테이션 생성 및 수정하기

- [생성] 버튼을 누르면 감마가 자동으로 프레젠테이션을 생성해 줍니다. 글씨뿐만 아니라 글에 적합한 이미지도 같이 제공해 주고 있습니다.

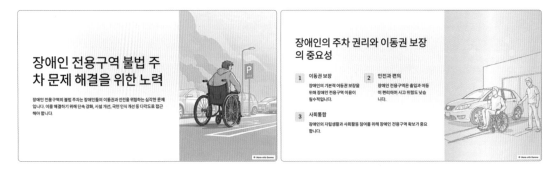

- 프레젠테이션을 다양한 메뉴로 수정할 수 있습니다. 　　 메뉴를 선택하면 글쓰기를 향상시키거나 더 길게 쓰거나 더 짧게 쓸 수 있습니다. 또한 시각적 효과를 높이거나 이미지를 추가할 수 있습니다.

## 3 단계  발표 및 공유하기

- 화면 오른쪽 상단의 [프레젠테이션] 메뉴를 선택하면 프레젠테이션을 바로 발표 형태로 보여 줍니다.

- 화면 오른쪽 상단의 [공유] 메뉴는 협업을 하거나 프레젠테이션 파일을 다양한 형식으로 내보낼 수 있습니다.

  - [협업]을 선택하면 다른 사람들과 협업해서 프레젠테이션을 수정하거나 댓글을 쓰거나 보기 권한을 줄 수 있습니다.
  - [공유]를 선택하면 생성된 프레젠테이션 링크를 복사해서 공유할 수 있습니다.
  - [내보내기]를 선택하면 PDF, PowerPoint, 구글 슬라이드, PNG 형식으로 내 컴퓨터에 다운로드받을 수 있습니다.
  - [포함시키다]를 선택하면 웹 사이트에 프레젠테이션을 삽입할 수 있습니다.

▷ [공유]-[협업] 메뉴

▷ [공유]-[내보내기] 메뉴

## (3) 파일 또는 URL 가져오기

다양한 형식의 파일이나 URL을 인공지능으로 불러와서 변환할 수 있는 기능을 제공합니다. 이 메뉴는 세 가지 주요 옵션으로 구성되어 있습니다.

- **파일 업로드:** 사용자가 자신의 컴퓨터에 있는 파일을 업로드할 수 있는 기능입니다. 지원하는 파일 형식은 PowerPoint(PPT/X), Word 문서, PDF 문서 등이 포함됩니다. 이러한 파일을 업로드하면 인공지능이 파일의 내용을 분석하여 슬라이드나 자료로 변환합니다.

- **드라이브에서 가져오기:** 구글 드라이브에 저장된 파일을 직접 불러올 수 있는 기능입니다. 지원하는 파일 형식으로는 구글 슬라이드와 구글 문서가 포함됩니다. 구글 드라이브에 저장된 자료를 빠르게 변환하여 사용할 수 있습니다.

- **URL에서 가져오기:** 웹 페이지, 블로그 게시물, 기사 등의 URL을 입력하여 해당 내용을 가져오는 기능입니다. Notion 문서(6개까지)도 전용으로 가져올 수 있습니다. 입력한 URL의 콘텐츠를 분석하여 발표 자료나 슬라이드로 변환해 주는 기능입니다.

# SECTION 03 | 브리스크 티칭을 이용한 수업 자료 생성 및 피드백하기

효율적인 수업 자료 생성과 즉각적인 피드백은 학습의 질을 높이는 데 핵심적인 역할을 합니다. 브리스크 티칭은 이러한 과정을 간편하고 효과적으로 지원하는 플랫폼입니다.

## ① 브리스크 티칭

브리스크 티칭Brisk Teaching은 인공지능 기반의 커리큘럼, 수업 계획, 퀴즈 등을 생성할 수 있도록 도와주는 플랫폼입니다. 브리스크 티칭은 학생들에게 더 많은 피드백 기회를 제공하는 도구입니다. 또한 교수학습 자료를 제작하는 데 드는 시간을 절약하고, 간편한 클릭 몇 번으로 퀴즈, 포괄적인 수업 계획, 상세한 평가 루브릭, 발표 자료 등을 신속하게 만들어낼 수 있습니다.

### 브리스크 티칭 설치하기

브리스크 티칭은 구글 크롬 브라우저의 확장 프로그램으로 작동합니다. 이것을 설치하면 호환되는 플랫폼(구글 문서, 클래스룸 등)에서 바로 사용이 가능합니다.

① 크롬에서 브리스크 티칭 사이트에 접속합니다.
   https://www.briskteaching.com/ko

② 브리스크 티칭 사이트 우측 상단에 있는 [무료로 크롬에 추가하기]를 클릭하여 크롬 브라우저에 설치합니다.

③ 크롬 브라우저 확장 프로그램으로 설치가 완료되면 크롬 메뉴바에 아이콘이 생성됩니다.

④ 구글 슬라이드와 구글 문서를 열고, 'Brisk Teaching'을 실행시키면 모니터 화면에 아이콘이 생깁니다.

## ② 브리스크 티칭을 이용한 발표 자료 만들기

브리스크 티칭을 이용하면 수업주제에 맞는 발표 자료를 간편하게 제작할 수 있습니다. 발표 자료를 만들 경우 큰 뼈대를 만들고 싶을 때 사용하면 좋습니다.

### 1 단계   빈 구글 슬라이드 만들기

크롬 주소에 slide.new라고 입력하면 빈 구글 슬라이드가 만들어집니다.

slide.new

### 2 단계   브리스크 티칭 실행시키기

크롬 오른쪽 확장 메뉴에서 'Brisk Teching'을 클릭해 실행시킵니다. 브리스크 티칭 아이콘이 화면에 보입니다.

### 3 단계   발표 슬라이드 생성하기

① 브리스크 티칭 아이콘을 클릭합니다. [Create] 메뉴를 선택합니다.

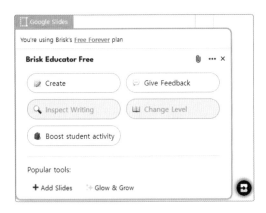

**2** [Add Slides]를 선택합니다.

**3** 다음과 같이 메뉴를 선택하고, 만들고 싶은 슬라이드 주제를 작성합니다.

| 언어 선택 | Korean |
|---|---|
| 템플릿 선택 | Fresh |
| 학년 선택 | 8th grade |
| 슬라이드 갯수 | 10 slides |
| 프롬프트 | 탄소 중립 |

**4** [Brisk It]을 선택하면 해당 주제의 슬라이드가 생성됩니다.

## ③ 브리스크 티칭을 이용한 퀴즈 만들기

구글 문서나 구글 슬라이드로 자료를 만들었다면, 브리스크 티칭을 이용해 해당 내용의 퀴즈를 만들 수 있습니다. 물론 빈 구글 문서 파일에서 프롬프트에 평가할 학습목표를 입력만 해도 퀴즈가 만들어 집니다.

### 1단계 구글 슬라이드나 구글 문서 만들기

수업에 사용할 구글 슬라이드나 구글 문서가 있으면 실행시킵니다. 아니면 크롬 주소에 "slide.new" 또는 "docs.new"라고 입력하면 빈 구글 슬라이드나 구글 문서가 만들어집니다.

파일에 내용이 있어도 되고 없어도 됩니다. 파일에 내용이 있으면 그 내용에 대한 문항을 만들어 줍니다.

---

**탄소중립 실천방안**

[1] 탄소중립 정의
탄소중립이란, 인간 활동으로 발생하는 이산화탄소 배출량을 제로(0)로 만드는 것을 목표로 하는 개념입니다. 이는 탄소 배출을 완전히 없애거나 배출된 탄소를 탄소 흡수원(예: 숲, 탄소 포집 기술)을 통해 상쇄함으로써 실질적인 탄소 배출을 0으로 만드는 것을 의미합니다. 이를 달성하기 위해 재생 가능한 에너지를 사용하거나, 에너지 효율을 높이는 등의 다양한 전략이 필요합니다.

---

▲ 구글 문서 작성 예(이 장에서는 빈 구글 문서를 사용합니다.)

먼저, 빈 구글 문서를 생성합니다.

docs.new

### 2단계 브리스크 티칭 실행시키기

크롬 오른쪽 확장 메뉴에서 'Brisk Teaching'을 클릭해 실행시킵니다. 브리스크 티칭 아이콘이 화면에 보입니다.

### 3 단계 퀴즈 생성하기

1  브리스크 티칭 아이콘을 클릭합니다.
[Quiz]를 선택합니다.

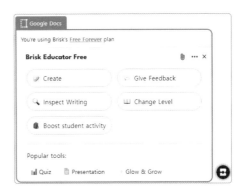

2  다음과 같이 메뉴를 선택하고, 만들고
싶은 슬라이드 주제를 작성합니다. 파일에
내용이 있으면 그 내용에 대한 문항을 만
들어 줍니다.

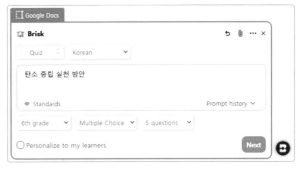

| 언어 선택 | Korean |
| --- | --- |
| 학년 선택 | 6th grade |
| 문항 종류 | 선다형(Multiple Choice) |
| 문항 갯수 | 5 questions (5문항) |
| 프롬프트 | 탄소 중립 실천 방안 |

3  구글 폼을 만들기 위해 [New Form]을
선택하고 [Brisk It]을 클릭해 실행시킵니
다. 구글 계정 액세스 요청을 승인합니다.

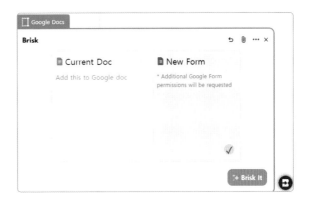

④ 브리스크 티칭은 선다형Multiple Choice뿐만 아니라 단답형Short Response, 서술형Long Response 문항을 생성해 줄 수 있습니다. 추가로 문항 생성을 원하면 해당 문항 종류를 선택하면 됩니다.

## 4 단계  퀴즈 답안 수정 및 해결하기

① 선다형 문항을 선택하면 문항뿐만 아니라 정답(√) 및 답안이 저장되어 있습니다.

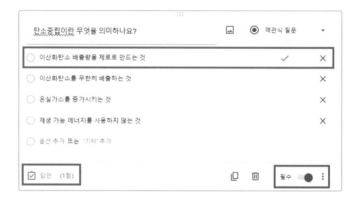

② [답안]을 선택하면 정답뿐만 아니라 배점을 수정할 수 있습니다.

3 구글 폼 페이지 오른쪽 상단의 [게시됨] 메뉴에서 [응답자 링크 복사]의 링크를 복사해서 학생들에게 공유하면 학생별로 퀴즈를 풀고 [응답] 탭에서 학생들의 결과를 볼 수 있습니다.

## ④ 브리스크 티칭을 이용해 피드백 제공하기

루브릭은 학습자의 과제나 수행을 평가하기 위해 명확한 기준과 척도를 제공하는 채점 기준입니다. 브리스크 티칭을 이용하면 맞춤형 피드백을 제공하여 학생들이 목표하는 학습 수준에 도달할 수 있도록 돕습니다.

브리스크 티칭에서 사용할 수 있는 메뉴는 다음과 같습니다.

- Glow & Grow: 강점과 성장 영역(글에서 개선해야 할 부분), 탐구 질문(글을 읽으면서 가지게 되는 의문점들)을 강조한 피드백입니다.

- Rubric Criteria: 루브릭은 학습자가 과제를 수행하거나 프로젝트를 진행할 때 평가의 기준이 되는 요소들을 말합니다. 일관된 평가 기준에 맞는 피드백을 할 때 사용합니다.

- Next Steps: 학습자가 피드백을 기반으로 앞으로 어떤 조치를 취해야 하는지를 제시해 줍니다. 피드백을 받는 것만으로는 학습 개선이 어렵기 때문에 학습자가 무엇을 구체적으로 해야 할지에 대한 계획이나 제안이 필요합니다.

## 1단계 구글 슬라이드나 구글 문서 보고서 불러오기

피드백을 수행할 구글 슬라이드나 구글 문서를 실행시킵니다. 아래는 모둠 활동으로 정리한 우리 지역 안전 현황 분석 구글 문서 예입니다.

▶ 우리 지역의 안전
  현황 분석 구글
  문서 예

> ### 우리 지역의 안전 현황 분석하기 (모둠명 : 안전이 최고여)
>
> [1] 지역 : 경기도 성남시 (2023년)
> [2] 안전 분야 : 화재, 범죄, 감염병
> [3] 안전 지수 등급 : 1등급 ~ 5등급 ( 1등급일수록 안전함 )
> [4] 화재
>   - 2023년 경기도 성남시 '화재' 지수는 1등급으로 매우 안전한 것을 알 수 있다.
>   - 성남시에는 노후화된 아파트가 많은 관계로 화재에 취약할 수 있으니 가정 내 화재 예방을 위한 방안이 필요하다.
> [5] 범죄
>   - 2023년 경기도 성남시 '범죄' 지수는 4등급으로 위험한 것으로 나왔다.
>   - 2020년, 2021년에는 성남시의 '범죄' 지수가 3등급이었는데 4등급으로 올라간 것을 주목해야 한다.
>   - 범죄의 취약점이 된 이유를 찾아 강력한 범죄 예방 방안이 필요하다.

## 2단계 브리스크 티칭 실행시키기

크롬 오른쪽 확장 메뉴에서 'Brisk Teaching'을 클릭해 실행시킵니다. 브리스크 티칭 아이콘이 화면에 보입니다.

## 3단계 피드백 수행하기

1 브리스크 티칭 아이콘을 클릭합니다. [Give Feedback]을 선택합니다.

**2** 피드백 스타일 중 원하는 스타일을 선택합니다.

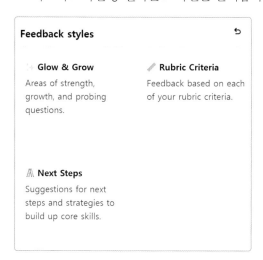

- Glow & Grow: 강점과 성장, 탐구 질문 영역을 강조한 피드백

- Rubric Criteria: 일관된 평가 기준에 맞는 피드백

- Next Steps: 학습 결과물에 대한 스캐폴딩을 제공하는 교육적 피드백

**1** Glow & Grow: 보고서 내용의 강점과 성장, 탐구 질문 영역을 제시해 줍니다.

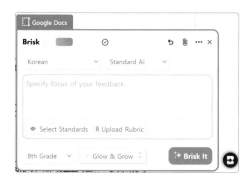

보고서의 [Glow & Grow] 실행 결과는 다음과 같습니다.

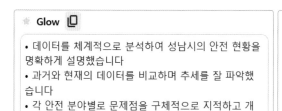

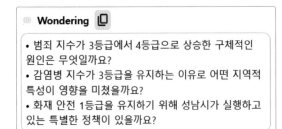

**2** Rubric Criteria: 일관된 평가 기준에 맞는 피드백을 제공할 수 있습니다.

제시된 보고서의 내용을 바탕으로 평가요소별 루브릭을 설계합니다.

| 1 | 내용의 깊이 | • 보고서가 각 안전 분야(화재, 범죄, 감염병)에 대해 구체적이고 상세하게 분석하고 있습니까?<br>• 분석된 내용이 문제의 원인과 대응 방안을 포함하고 있나요? |
|---|---|---|
| 2 | 조직력 및 논리성 | • 각 안전 분야에 대한 설명이 일관성 있게 구성되어 있나요? |
| 3 | 자료 활용 및 인용 | • 자료와 인용이 보고서의 분석을 뒷받침하는 데 적절하게 활용되었나요? |
| 4 | 창의적 접근 | • 보고서가 문제 해결을 위한 창의적인 방안을 제시하고 있습니까? |
| 5 | 실천 가능성 | • 보고서에서 제시된 실천 방안이 현실적이고 실행 가능한가요? |

[Rubric Criteria] 메뉴의 피드백 칸에 루브릭 내용을 넣어 줍니다.

보고서의 [Rubric Criteria] 실행 결과는 다음과 같습니다.

### 내용의 깊이

- 각 안전 분야별 등급 변화를 잘 파악했습니다
- 화재와 관련된 구체적인 예방 방안이 필요합니다
- 범죄율 증가의 구체적인 원인 분석이 부족합니다
- 감염병 지수가 3등급을 유지하는 원인에 대한 더 깊은 분석이 필요합니다

### 조직력 및 논리성

- 각 안전 분야별로 체계적으로 내용을 구성했습니다
- 시계열적 변화를 잘 보여주어 문제의 심각성을 효과적으로 전달했습니다
- 결론에서 전체 내용을 잘 요약했습니다

### 자료 활용 및 인용

- 다른 도시(수원시)와의 비교를 통해 성남시의 상황을 잘 설명했습니다
- 구체적인 통계 수치나 사례 제시가 더 필요합니다
- 정보의 출처를 명확히 표시하면 좋겠습니다

### 창의적 접근

- 노후 아파트와 화재 위험의 연관성을 잘 지적했습니다
- 각 문제에 대한 구체적이고 창의적인 해결 방안 제시가 필요합니다
- 주민들의 참여를 통한 해결 방안을 더 자세히 설명하면 좋겠습니다

### 실천 가능성

- 문제 상황은 잘 파악했으나, 구체적인 실천 방안이 부족합니다
- 각 안전 분야별로 실현 가능한 구체적인 대책이 필요합니다
- 지역 주민들이 실천할 수 있는 구체적인 행동 지침을 제시하면 좋겠습니다

**3** Next Steps: 학습자가 피드백을 기반으로 앞으로 어떤 조치를 취해야 하는지를 제시해 줍니다.

### 내용의 깊이와 분석

Next Steps:
• 각 안전 분야별로 구체적인 통계 수치를 추가하면 좋겠습니다 (예: 연간 화재 발생 건수, 범죄율 등)
• 범죄 지수가 왜 3등급에서 4등급으로 상승했는지에 대한 구체적인 원인 분석이 필요합니다
• 노후 아파트의 비율이나 위치 등 구체적인 데이터를 포함하면 분석이 더욱 설득력 있을 것 같습니다

### 해결방안 제시

Next Steps:
• 각 안전 분야별로 구체적인 개선 방안을 제시해보세요 (예: CCTV 설치, 방범순찰 강화 등)
• 다른 지역의 성공적인 안전 개선 사례를 조사하여 벤치마킹 방안을 제시해보면 좋겠습니다
• 주민들이 직접 참여할 수 있는 실천방안을 더 구체적으로 제안해보세요

### 자료 활용

Next Steps:
• 최근 5년간의 추이를 그래프나 도표로 시각화하면 변화를 더 잘 보여줄 수 있을 것 같습니다
• 성남시와 비슷한 규모의 다른 도시들과의 비교 데이터를 추가하면 좋겠습니다
• 참고한 자료의 출처를 명확히 표시하면 보고서의 신뢰도가 높아질 것 같습니다

### 종합적 제안

Next Steps:
• 결론 부분에서 세 가지 안전 분야의 연관성을 분석해보면 좋겠습니다
• 단기, 중기, 장기적 관점에서의 개선 로드맵을 제시해보세요
• 제안한 해결방안의 예상 효과와 한계점도 함께 논의하면 더욱 완성도 있는 보고서가 될 것 같습니다

# 수업 | 우리 지역 안전 문제 탐색하기

우리 지역은 안전할까요? 안전한 동네를 위해 정부에서 할 일과 우리가 할 일은 무엇이 있을까요?

생활안전지도 사이트를 이용해서 우리 지역의 안전 현황을 알아보고, 우리 지역의 안전 현황을 분석하고 해결 방안을 탐색해 봅시다.

| 1<br>문제<br>정의하기 | 우리 지역 안전 문제<br>정의하기 | 우리 지역 안전 체감에 대해 토의하기 |
| --- | --- | --- |
| | | 우리 지역 안전 지표 선정하기 |

▼

| 2<br>데이터<br>수집하기 | 지역 안전 현황<br>수집하기 | 우리 지역의 안전 현황 데이터 수집하기 |
| --- | --- | --- |

▼

| 3<br>데이터 분석 및<br>공유하기 | 지역 안전 현황<br>분석하기 | 우리 지역 안전 현황 분석 결과 정리 및 공유하기 |
| --- | --- | --- |

▼

| 4<br>피드백 및<br>성찰하기 | 모둠별 활동 피드백하기 | 우리 지역 안전 현황 분석 보고서 피드백하기 |
| --- | --- | --- |

| 준비물 | • 설문 사이트: 구글 폼 또는 네이버 폼<br>• 생활안전정보 사이트<br>• 구글 문서<br>• 발표 자료 생성 AI: 감마(Gamma)<br>• 피드백 생성 AI: 브리스크 티칭(Brisk Teaching) |
| --- | --- |

**우리 지역의 안전 문제 탐구는 지속가능발전목표 몇 번일까요?**

지속가능발전목표(SDGs) 3번은 건강하고 복지로운 삶 보장과 모든 연령층의 복지를 증진하는 것이 목표입니다. 감염병 예방과 대응, 특히 코로나19와 같은 공중 보건 문제는 이 목표에 해당됩니다.

지속가능발전목표(SDGs) 11번은 지속가능한 도시와 지역사회 만들기가 목표로 교통 안전, 화재 예방, 범죄 예방, 생활 안전 등 도시 내의 안전과 관련된 모든 이슈가 포함됩니다. 교통, 범죄, 생활 안전 문제를 개선하고자 하는 노력은 이 목표와 밀접하게 연결됩니다.

## 1 단계 문제 정의하기: 우리 지역 안전 문제 정의하기

### 1 우리 지역 안전 체감에 대해 토의하기

• 우리 지역의 안전 현황에 대해 설문조사를 하고, 친구들이 체감하는 우리 지역의 안전성에 대해 이야기해 봅니다. (지역의 범위: 시 또는 군)

| 준비물 | 구글 폼 https://forms.new<br>네이버 폼 https://form.naver.com/ |
|---|---|

▶ 구글 폼 : 우리 지역은 안전한가요?

우리 지역의 안전 현황에 대해 체크해주세요.                    *
1은 "아주 안전하다"....5는 "아주 위험하다"를 선택하세요.

|  | 1 (아주 안전하다) | 2 | 3 | 4 | 5 (아주 위험하다) |
|---|---|---|---|---|---|
| 교통 | ○ | ○ | ○ | ○ | ○ |
| 화재 | ○ | ○ | ○ | ○ | ○ |
| 범죄 | ○ | ○ | ○ | ○ | ○ |
| 생활안전 | ○ | ○ | ○ | ○ | ○ |
| 감염병 | ○ | ○ | ○ | ○ | ○ |

| 단계 | 실습 과정 |
|---|---|
| 1 | 크롬에서 구글 계정으로 로그인하고, 빈 구글 폼(설문지)을 생성합니다.<br>https://forms.new |
| 2 | 설문지 제목을 입력합니다.<br><br>질문  응답  설정<br>**우리 지역은 안전하다고 생각하나요?**<br>B  I  U  ⊖  𝕏<br>설문지 설명 |
| 3 | 설문 유형을 '객관식 그리드'로 선택합니다. '객관식 그리드'는 여러 행과 열을 사용해 응답할 수 있는 형식입니다.<br><br>질문<br>◯ 옵션 1<br>◯ 옵션 추가 또는 '기타' 추가<br>⊕ 파일 업로드<br>••• 선형 배율<br>⦿ 객관식 그리드<br>⦿ 체크박스 그리드<br>▢ 날짜 |
| 4 | '행'과 '열' 항목을 추가하고, '각 행에 응답 필요'를 활성화합니다.<br><br>**행** 평가할 항목을 입력합니다.     교통, 화재, 범죄, 생활안전, 감염병 등<br><br>**열** 응답자의 선택지를 추가합니다.     "1 (아주 안전하다)", "2", "3", "4", "5 (아주 위험하다)"<br><br>구글 폼 페이지 오른쪽 상단의 [게시] 메뉴를 선택해 [게시] 버튼을 클릭합니다. 그러면 [게시]가 [게시됨] 메뉴로 바뀝니다.<br><br>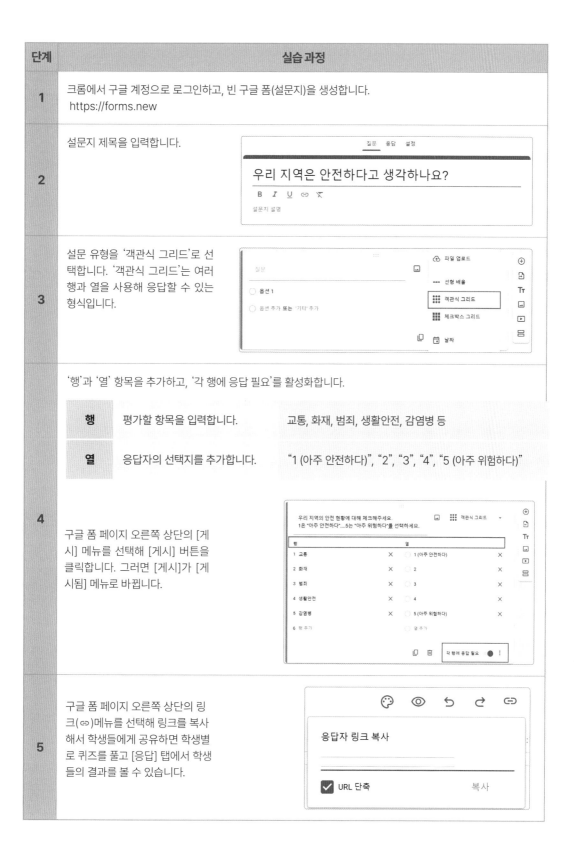 |
| 5 | 구글 폼 페이지 오른쪽 상단의 링크(⊖)메뉴를 선택해 링크를 복사해서 학생들에게 공유하면 학생별로 퀴즈를 풀고 [응답] 탭에서 학생들의 결과를 볼 수 있습니다.<br><br>🎨  👁  ↺  ↻  ⊖<br><br>**응답자 링크 복사**<br>_____<br>☑ URL 단축       복사 |

- 설문조사 결과를 바탕으로 우리 지역의 안전 문제에 대해 체감하는 정도를 모둠별로 이야기하고 적어 봅니다.

| 지역 이름 | | 경기도 ○○시 |
|---|---|---|
| 안전 키워드 | 교통 | 서울과 가깝고 대중교통이 잘 되어 있어서 교통이 편리하다. 또한 도로에 좁은 길이 거의 없고 바둑판 모양으로 정비가 되어 있어서 운전이 어렵지 않은거 같아서 교통 안전 평균이 2로 체감한다고 나온거 같다. |
| | 화재 | 아파트가 밀집되어 있는 지역이고, 대부분의 아파트가 노후화 되어서 화재에 취약한거 같다. 화재에 대한 안전 평균이 3으로 체감한다고 나왔다. |
| | 범죄 | 중대 범죄가 최근에 일어난 적이 있어서 불안감을 느끼고 있다. 이러한 범죄에 대해 적절하게 대응하지 못한다고 생각한다. 범죄 체감은 4로 나왔다. |
| | 생활 안전 | 학원과 식당들이 많고, 가로등이 없는 지역이 거의 없어서 밤에 돌아다녀도 위험하지 않는거 같다. 생활 안전은 2로 대체로 안전하다고 체감한다고 나온거 같다. |
| | 감염병 | 감염병 안전에 대한 체감은 3으로 나왔다. 코로나19로 인하여 감염병은 취약한거 같다. 특히 노인 인구가 많고, 동시에 젊은 층의 유동인구가 많은 IT 회사가 밀집한 지역은 감염병에 취약할 거 같다. |

## 2 우리 지역 안전 지표 선정하기

모둠별로 토의한 내용들을 바탕으로 지역의 안전 문제에 대한 키워드를 3개 선정하고 왜 선정했는지 이유를 작성해 봅니다. 문제 정의를 위해서는 학생들이 체감한 내용을 바탕으로 가장 심각하거나 개선이 필요한 지표를 우선적으로 고려할 수 있습니다.

| 지표 선정 | 선정 이유 |
|---|---|
| 범죄 | 최근 중대 범죄가 일어나 범죄율이 증가하고 있으며 불안감이 늘어나고 있다. 체감하는 불안감이 크고, 주민들의 안전과 직결된 문제이다. |
| 감염병 | 노인 인구가 많은 지역에서 감염병 예방 및 대응에 어려움이 있다.<br>지역사회의 공중보건과 밀접한 관련이 있다. |
| 화재 | 노후화된 아파트가 많이 밀집되어 있기 때문에 안전에 취약할 거 같다. |

## 2단계 데이터 수집하기: 지역 안전 현황 수집하기

• 우리 지역의 안전 현황을 실제 데이터를 수집해 봅시다.

◦ 생활안전정보 사이트에 들어가서 [생활안전지도], [지역안전등급], [시설물안전정보] 메뉴로 우리 지역 안전 현황을 분석해 봅시다.

| 준비물 | • 생활안전정보 사이트 https://www.safemap.go.kr/main/smap.do |
|---|---|

▶ 생활안전정보 사이트

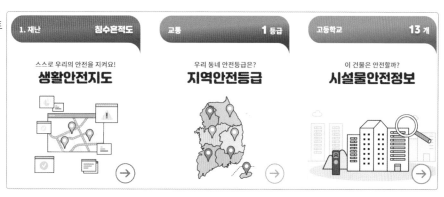

| 단계 | 실습 과정 |
|---|---|
| 1 | 생활안전정보 사이트에 접속합니다.<br><br>내 위치 확인 권한을 허용합니다.<br><br>현재 위치 정보를 받아옵니다. 우리지역의 지도가 나옵니다. |
| 2 | [생활안전지도] 메뉴를 선택합니다.<br><br>원하는 분야를 선택해서 우리 지역의 현황을 직접 지도에서 확인해 봅니다.<br><br>예를 들어, '치안' 지수를 선택하면 '치안'과 관련된 하위 메뉴들을 선택하면 지도에 시각화해서 보여 줍니다. |

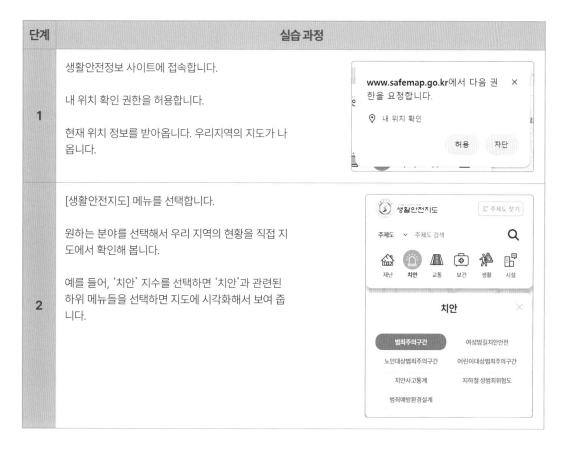

| 단계 | 실습 과정 |
|---|---|
| 3 | [지역안전등급] 메뉴를 선택합니다.<br><br>전국의 지역안전 등급이 표와 그래프로 시각화되어 있습니다. 각 지수별로 1등급에서 5등급까지 제시되어 있고, 1등급일수록 안전하다는 의미입니다.<br><br>전국의 지수별 안전 등급을 확인할 수 있습니다.<br><br>우리 지역을 선택해 봅니다. | 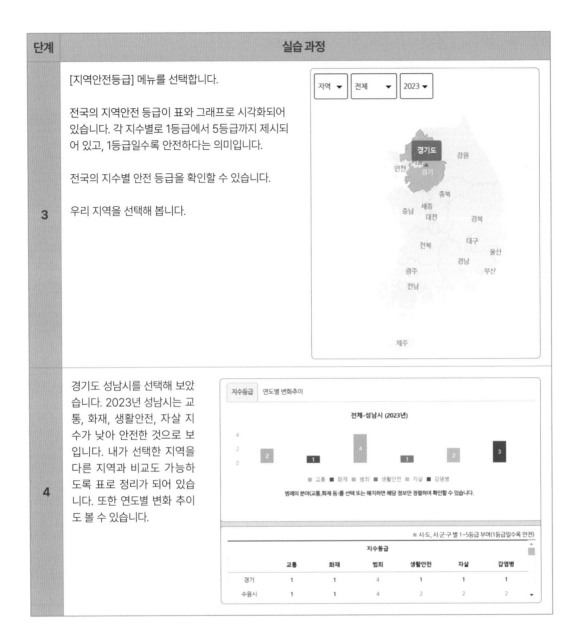 |
| 4 | 경기도 성남시를 선택해 보았습니다. 2023년 성남시는 교통, 화재, 생활안전, 자살 지수가 낮아 안전한 것으로 보입니다. 내가 선택한 지역을 다른 지역과 비교도 가능하도록 표로 정리가 되어 있습니다. 또한 연도별 변화 추이도 볼 수 있습니다. | |

## 3 단계 데이터 분석하기 : 지역 안전 현황 분석하기

• 우리 지역 안전 현황 데이터를 이용해서 현황을 분석하고 발표 자료를 만듭니다.

| 준비물 | 구글 문서 https://docs.new<br>감마(Gamma) https://gamma.app/ |
|---|---|

| 단계 | 실습 과정 |
|---|---|
| 1 | 구글 문서를 이용해 우리 정보의 안전 현황에 대한 필요한 정보를 정리합니다. <br><br> **우리 지역의 안전 현황 분석하기 (모둠명 : 안전이 최고여)** <br><br> [1] 지역 : 경기도 성남시 (2023년) <br> [2] 안전 분야 : 화재, 범죄, 감염병 <br> [3] 안전 지수 등급 : 1등급 ~ 5등급 ( 1등급일수록 안전함 ) <br> [4] 화재 <br>   - 2023년 경기도 성남시 '화재' 지수는 1등급으로 매우 안전한 것을 알 수 있다. <br>   - 성남시에는 노후화된 아파트가 많은 관계로 화재에 취약할 수 있으니 가정 내 화재 예방을 위한 방안이 필요하다. <br> [5] 범죄 <br>   - 2023년 경기도 성남시 '범죄' 지수는 4등급으로 위험한 것으로 나왔다. <br>   - 2020년, 2021년에는 성남시의 '범죄' 지수가 3등급이었는데 4등급으로 올라간 것을 주목해야 한다. <br>   - 범죄의 취약점이 된 이유를 찾아 강력한 범죄 예방 방안이 필요하다. <br> [6] 감염병 <br>   - 2023년 경기도 성남시 '감염병' 지수는 3등급으로 안전하지는 않은 것을 알 수 있다. <br>   - 특히, 경기도 전체 '감염병' 지수는 1등급, 수원시 '감염병' 지수는 2등급으로 성남시의 감염병 위험이 높은 것을 볼 수 있다. <br>   - 2018년 코로나19 이전에는 '감염병' 지수가 2등급이었으나, 코로나19이후로 '감염병' 지수가 3등급으로 오른 후 계속 내려가지 않고 3등급을 유지하고 있는 문제에 대해 분석할 필요가 있다. |
| 2 | 보고서를 이용해 생성형 AI로 발표 자료를 만들어 봅니다. <br><br> 감마 플랫폼에 접속해서 구글 계정으로 로그인합니다. [AI로 만들기]를 선택하고 [파일 또는 URL 가져오기]를 클릭합니다. <br><br> |
| 3 | 구글 문서에 저장된 파일을 바로 접속해서 발표 자료를 만들 수 있습니다. [드라이브에서 가져오기]를 선택하고, 구글 드라이브 접근을 허용합니다. <br><br> |
| 4 | 발표 자료를 만들 구글 문서를 선택하고, '프레젠테이션'을 선택하고 [계속] 버튼을 클릭합니다. 그런 다음 슬라이드 카드수를 설정하고, [계속] 버튼을 클릭합니다. <br><br> |

• 모둠별로 프레젠테이션을 이용해서 발표하고 서로 공유합니다.

## **4**단계 피드백 및 성찰하기: 모둠별 활동 피드백하기

### 1 우리 지역 안전 현황 분석 보고서 피드백하기

구글 문서로 작성한 보고서를 브리스크 티칭을 이용해 피드백을 합니다.

> **준비물** 브리스크 티칭(Brisk Teaching) https:// briskteaching.com/ko

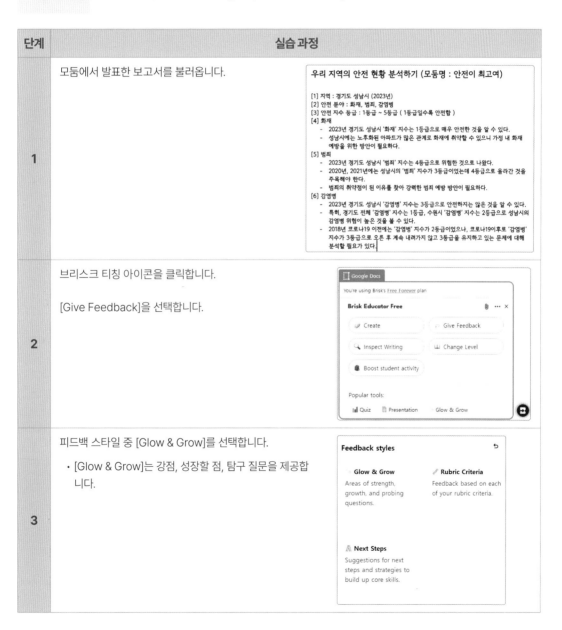

| 단계 | 실습 과정 | |
|---|---|---|
| 1 | 모둠에서 발표한 보고서를 불러옵니다. | **우리 지역의 안전 현황 분석하기 (모둠명 : 안전이 최고여)**<br><br>[1] 지역 : 경기도 성남시 (2023년)<br>[2] 안전 분야 : 화재, 범죄, 감염병<br>[3] 안전 지수 등급 : 1등급 ~ 5등급 ( 1등급일수록 안전함 )<br>[4] 화재<br> - 2023년 경기도 성남시 '화재' 지수는 1등급으로 매우 안전한 것을 알 수 있다.<br> - 성남시에는 노후화된 아파트가 많은 관계로 화재에 취약할 수 있으니 가정 내 화재 예방을 위한 방안이 필요하다.<br>[5] 범죄<br> - 2023년 경기도 성남시 '범죄' 지수는 4등급으로 위험한 것으로 나왔다.<br> - 2020년, 2021년에는 성남시의 '범죄' 지수가 3등급이었는데 4등급으로 올라간 것을 주목해야 한다.<br> - 범죄의 취약점이 된 이유를 찾아 강력한 범죄 예방 방안이 필요하다.<br>[6] 감염병<br> - 2023년 경기도 성남시 '감염병' 지수는 3등급으로 안전하지는 않은 것을 알 수 있다.<br> - 특히, 경기도 전체 '감염병' 지수는 1등급, 수원시 '감염병' 지수는 2등급으로 성남시의 감염병 위험이 높은 것을 볼 수 있다.<br> - 2018년 코로나19 이전에는 '감염병' 지수가 2등급이었으나, 코로나19이후로 '감염병' 지수가 3등급으로 오른 후 계속 내려가지 않고 3등급을 유지하고 있는 문제에 대해 분석할 필요가 있다. |
| 2 | 브리스크 티칭 아이콘을 클릭합니다.<br><br>[Give Feedback]을 선택합니다. | Google Docs<br><br>You're using Brisk's Free Forever plan<br><br>**Brisk Educator Free**<br><br>✎ Create  💬 Give Feedback<br>🔍 Inspect Writing  📖 Change Level<br>🚀 Boost student activity<br><br>Popular tools:<br>📊 Quiz  📄 Presentation  Glow & Grow |
| 3 | 피드백 스타일 중 [Glow & Grow]를 선택합니다.<br><br>• [Glow & Grow]는 강점, 성장할 점, 탐구 질문을 제공합니다. | **Feedback styles** ↺<br><br>**Glow & Grow**<br>Areas of strength, growth, and probing questions.<br><br>✏ **Rubric Criteria**<br>Feedback based on each of your rubric criteria.<br><br>⚑ **Next Steps**<br>Suggestions for next steps and strategies to build up core skills. |

| 단계 | 실습 과정 |
|---|---|
| 4 | 'Korean', '8th Grade', 'Glow & Grow'를 선택하고 [Brisk It] 버튼을 클릭합니다. 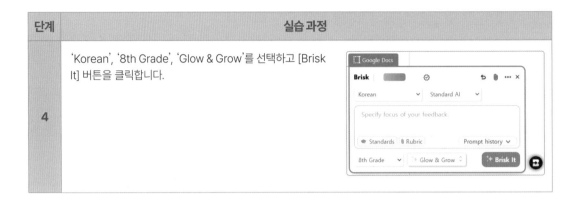 |

- [Glow & Grow] 메뉴를 실행시키면 강점<sup>Glow</sup>, 성장할 점<sup>Grow</sup>, 탐구 질문<sup>Wondering</sup> 결과가 나옵니다.

  ○ 모둠별로 강점(Glow)을 파악하고, 성장할 점(Grow)과 탐구 질문(Wondering)을 보고 발표 보고서를 검토합니다.

memo

07

# 생성형 AI의 프롬프트로
# 문제 해결 학습하기

SECTION

# 01 | 생성형 AI의 프롬프트를 이용한 문제 해결 학습의 효과성

프롬프트Prompt는 특정 주제나 문제에 대해 학습자가 생각을 정리하고, 답을 도출할 수 있도록 제공되는 질문입니다. 이는 학습자의 사고를 이끌어 내고 특정 방향으로 논의를 유도하는 역할을 하며, ChatGPT, Claude와 같은 생성형 AI와 상호작용할 때는 주어진 질문에 대한 적절한 답변을 얻기 위한 중요한 도구입니다.

프롬프트를 활용한 문제 해결 학습은 학습자 중심의 수업을 촉진하여 학생들이 능동적으로 참여하도록 만듭니다. 학생들은 프롬프트를 통해 스스로 질문을 만들고, 문제를 해결하는 과정에서 비판적 사고와 창의력을 발휘하게 됩니다. 또한 프롬프트는 학습자의 수준에 맞게 조정할 수 있어 개별화된 학습 경험을 제공합니다. 협력 학습도 촉진되며, 학생들은 서로의 질문에 답하거나 토론하면서 문제 해결력을 키울 수 있습니다.

그러나 프롬프트가 지나치게 모호하거나, 학습 목표와 연관성이 떨어지면 학생들은 혼란을 느낄 수 있습니다. 따라서 교사가 적절한 프롬프트 설계를 해 줄 필요가 있습니다.

# 프롬프트를 이용한 문제 해결 학습하기

문제 해결 학습은 학생들이 주어진 문제를 스스로 해결하며 지식을 습득하고, 창의적 사고와 비판적 사고를 기르는 교육 방법입니다. 학생들이 문제를 해결하는 과정에서 필요한 정보와 해결책을 탐구하면서, 자기주도적 학습 능력을 기를 수 있습니다.

프롬프트를 이용한 문제 해결 학습에서는 두 가지 주요 접근 방식을 제시할 수 있습니다.

첫 번째는 구조화된 프롬프트를 사용하여 문제를 해결하는 방법이고, 두 번째는 학생이 직접 프롬프트를 작성해 문제를 해결하는 방법입니다. 초반에는 구조화된 프롬프트를 사용하여 문제 해결의 기본 과정을 익히고, 이후 학생들이 문제를 정의하는 주체가 되어 직접 프롬프트를 작성하게 할 수 있습니다.

## ① 구조화된 프롬프트를 활용한 문제 해결하기

교사가 기본적인 프롬프트를 제공하고, 학생들이 빈칸에 핵심 키워드를 넣어 문제를 구체화하는 방식입니다. 이 과정에서 학생들은 문제 해결의 틀 안에서 자신이 관심 있는 문제를 입력하고, 이를 주제로 구체적인 해결책을 찾아나가게 됩니다. 교사가 제공한 구조화된 프롬프트를 이용하면 학생들이 처음부터 문제를 작성하는 데에 부담을 느끼지 않도록 도와줄 수 있습니다.

이 방법은 문제 해결 과정에 익숙하지 않은 초보 학생들에게 유용합니다. 학생들은 문제의 큰 틀을 파악하면서도 자신이 해결하고 싶은 문제를 정의할 수 있으며, 자연스럽게 문제 해결에 대한 주도성을 기를 수 있습니다.

예를 들어, "　　　　　문제를 구체적으로 정의해 보세요. 이 문제는 어떤 원인으로 발생하며, 그로 인해　　　　에 어떤 부정적인 영향을 미치고 있나요?"와 같은 프롬프트를 제공하고, 첫 번째 빈칸에는 '청소년 비만', '쓰레기 처리', '교통 혼잡' 등 구체적인 문제를 적어 주고, 두 번째 빈칸에는 '청소년 건강', '환경', '지역 주민' 등 이 문제로 인해 부정적인 영향을 받는 대상을 적으면 됩니다.

학생들은 텍스트 생성 AI<sup>ChatGPT, Claude, Wrtn 등</sup>에 프롬프트 답변을 바탕으로 여러 학습 활동을 수행할 수 있습니다.

| 문제 해결 단계 | | 구조화된 프롬프트 | 학습 활동 방법 |
|---|---|---|---|
| 1 | 문제 정의하기 | • ___ 문제를 구체적으로 정의해 줘.<br>• 이 문제는 어떤 원인으로 발생하며, 그로 인해 ___ 에 어떤 부정적인 영향을 미치고 있나? | • 첫 번째 빈칸에는 해결하고자 하는 구체적인 문제를, 두 번째 빈칸에는 이 문제로 인해 부정적인 영향을 받는 대상을 적음.<br>• AI 응답을 분석하고, 이를 바탕으로 문제 정의를 완성함. |
| 2 | 데이터 수집하기 | • ___ 문제와 관련된 자료나 연구를 찾아줘. | • 문제와 관련된 연구나 사례를 조사하고, 문제 해결에 도움이 될 수 있는 데이터를 수집해, 정보의 신뢰성과 유용성을 평가함.<br>• AI 응답에서 제공된 자료를 바탕으로 추가 정보를 조사하고, 더 많은 사례나 데이터를 수집해 문제 현황을 더 구체적으로 이해함. |
| 3 | 문제해결방법 도출하기 | • ___ 문제를 해결하기 위한 방안을 ___ 가지 제안해 줘.<br>• ___ 문제를 해결하기 위해 단기적, 장기적 전략을 제시해 줘. | • 여러 해결책을 도출하며, 그중에서 적합한 방법을 찾음.<br>• 텍스트 생성형 AI의 상호작용을 통해 다양한 해결책을 탐색하고 창의적인 아이디어를 제시함.<br>• AI 응답에서 제공된 해결책을 바탕으로 학생들은 이를 평가하고, 추가로 자신들의 아이디어를 더해 해결책을 도출함. |
| 4 | 문제해결방법 평가하기 | • 제안된 해결책 중 가장 실현 가능한 방안은 무엇이며, 그 이유는?<br>• 각 해결책이 실현되었을 때의 장단점을 비교해 줘. | • 여러 해결책의 장단점을 분석하고, 각 해결책이 미칠 수 있는 영향과 실현 가능성을 비교하여 평가함. |
| 5 | 실행계획 수립하기 | • ___ 문제를 해결하기 위한 구체적인 실행 계획을 수립해 줘.<br>• 문제 해결 방법이 실행되는 과정에서 예상되는 위험요소는 무엇이며, 이를 해결하기 위한 대비책은? | • 도출한 해결책을 실현하기 위한 단계별 계획을 수립하고, 각 단계에서 필요한 자원을 구체화함.<br>• AI 응답을 분석하고, 제안된 해결책의 장단점을 토론하며 평가함. |
| 6 | 반성 및 피드백하기 | • ___ 문제를 해결하면서 배운 점이나 개선해야 할 부분은?<br>• ___ 문제 해결 과정에서 가장 어려웠던 점은? | • 문제 해결 과정을 돌아보며 배운 점을 정리하고, 다음 문제 해결에 적용할 수 있는 개선사항을 탐색함. |

▲ 구조화된 프롬프트를 활용한 문제 해결하기

청소년 비만 문제를 해결하기 위해 구조화된 프롬프트를 이용하면 다음과 같습니다. 개인, 학교, 지역 사회 차원에서의 해결 방법을 제시하고, 이를 바탕으로 비만 문제를 해결할 수 있는 구체적인 실행 계획을 수립해 봅시다.

| 문제 해결 단계 | | 구조화된 프롬프트 |
|---|---|---|
| 1 | 문제 정의하기 | • 청소년 비만 문제를 구체적으로 정의해 줘. 이 문제는 어떤 원인으로 발생하며, 그로 인해 청소년 건강에 어떤 부정적인 영향을 미치고 있을까? |
| 2 | 데이터 수집하기 | • 청소년 비만 문제와 관련된 자료나 연구를 찾아 줘. |
| 3 | 문제해결방법 도출하기 | • 청소년 비만 문제를 해결하기 위한 방안을 2가지 이상 제안해 줘.<br>• 이 문제를 해결하기 위한 단기적 해결책, 장기적 전략을 제시해 줘. |
| 4 | 문제해결방법 평가하기 | • 제안된 해결책 중 가장 실현 가능한 방법과 그 이유는?<br>• 각 해결책이 실현될 때의 장단점을 비교해 줘. |
| 5 | 실행계획 수립하기 | • 청소년 비만 문제를 해결하기 위한 구체적인 실행 계획을 수립해 줘.<br>• 해결책을 실행하는 과정에서 예상되는 위험 요소는 무엇이며, 이를 해결하기 위한 대비책은? |
| 6 | 반성 및 피드백하기 | • 문제 해결 과정에서 배운 점이나 개선해야 할 점은?<br>• 청소년 비만 문제 해결 과정에서 가장 어려웠던 점은 무엇이며, 개선할 방법은? |

▲ 구조화된 프롬프트를 활용한 문제 해결하기: 청소년 비만 문제 해결하기

## ② 프롬프트 직접 설계를 통한 학생 주도 문제 해결하기

학생이 직접 프롬프트를 작성하는 방식에서는 학생이 문제 정의부터 해결책 도출까지 더욱 능동적인 역할을 맡아 문제를 해결합니다. 이 방식은 학생 스스로가 문제 해결의 주체로서 사고하고, 창의적인 질문을 만들어 내는 과정에서 학습을 심화시킵니다. 프롬프트 작성은 학습자의 비판적 사고와 문제 해결 능력을 키우는 중요한 과정이며, 이를 통해 학습자는 문제의 본질을 더 깊이 이해할 수 있습니다.

프롬프트 6가지 요소(역할, 대상, 목적, 기간, 맥락, 인스트럭션)를 문제 해결 단계에 맞추어 제시하면, 단계별로 필요한 요소들을 적절히 활용하여 명확한 프롬프트를 작성할 수 있습니다.

| 문제 해결 단계 | | 프롬프트 요소 | 프롬프트 예시 |
|---|---|---|---|
| 1 | 문제 정의하기 | • 역할: 문제 찾는 사람<br>• 목적: 문제 설명하기<br>• 맥락(상황): 현재 상황, 지금 어떤 일이 일어나고 있는지<br>• 인스트럭션: 문제 정의하기 | 당신은 [역할]이다. [상황]에서 [목표]를 수행하기 위해 [인스트럭션]을 하고 싶어. |
| 2 | 데이터 수집하기 | • 역할: 정보 수집가<br>• 대상: 관련 데이터/정보<br>• 기간: 최근 ○년 | [역할]로서, [대상]에 대해 [기간]동안의 정보를 수집해 줘. |
| 3 | 문제해결방법 도출하기 | • 역할: 아이디어 제안자<br>• 목적: 해결책 생각하기<br>• 인스트럭션: 몇 가지 방안 | [역할]의 입장에서 [목적]을 위해 [인스트럭션]을 제시해 줘. |
| 4 | 문제해결방법 평가하기 | • 역할: 환경 평가 전문가<br>• 목적: 가장 실현 가능성이 높은 해결책을 평가하기<br>• 인스트럭션: 해결책 장단점 분석하기 | [역할]로서 [목적]을 수행하기 위해 [인스트럭션]을 수행해 줘. |
| 5 | 실행계획 수립하기 | • 역할: 계획을 세우는 사람<br>• 목적: 실행 계획 세우기<br>• 기간: 단기/중기/장기 | [역할]의 입장에서 [목적]을 위한 [기간] 계획을 수립해 줘. |
| 6 | 반성 및 피드백하기 | • 역할: 자기 평가자<br>• 대상: 문제 해결 과정<br>• 인스트럭션: 개선점 도출하기 | [역할]로서 [대상]에 대해 [인스트럭션]을 수행해 줘. |

▲ 프롬프트 설계를 통한 학생 주도 문제 해결하기

플라스틱 쓰레기 문제를 해결하기 위해 프롬프트 요소를 이용해 직접 프롬프트를 작성해 보면 다음과 같습니다.

| 문제 해결 단계 | | 프롬프트 요소 | 프롬프트 예시 |
|---|---|---|---|
| 1 | 문제 정의하기 | • 역할: 환경 보호자<br>• 목적: 플라스틱 쓰레기 문제 해결하기<br>• 맥락(상황): 플라스틱 쓰레기로 인한 환경 문제와 그 영향을 설명<br>• 인스트럭션: 문제의 원인과 현재 이로 인해 일어나는 문제 설명 | 당신은 환경 보호자입니다. 현재 플라스틱 쓰레기로 인한 환경 오염 문제를 해결하고 싶습니다. 이 문제의 원인과 현재 이로 인해 일어나는 문제를 설명하세요. |
| 2 | 데이터 수집하기 | • 역할: 환경 연구자<br>• 대상: 플라스틱 쓰레기가 해양 생태계에 미치는 영향<br>• 기간: 최근 5년<br>• 인스트럭션: 자료 수집하기 | 당신은 환경 연구자입니다. 플라스틱 쓰레기가 해양 생태계에 미치는 영향에 대해 최근 5년간의 연구 자료를 수집해 주세요. |
| 3 | 문제해결방법 도출하기 | • 역할: 환경 보호자<br>• 목적: 플라스틱 쓰레기 문제 해결 방안 도출<br>• 인스트럭션: 단기적 및 장기적 해결 방안을 각각 두 가지 이상 제시하기 | 환경 보호자로서 플라스틱 쓰레기 문제를 해결하기 위한 단기적 및 장기적 전략을 각각 두 가지 이상 제안하세요. |
| 4 | 문제해결방법 평가하기 | • 역할: 환경 평가 전문가<br>• 목적: 가장 효과적인 플라스틱 쓰레기 감소 해결책을 평가하기<br>• 인스트럭션: 해결책 장단점 분석하기 | 당신은 환경 평가 전문가입니다. 플라스틱 쓰레기를 줄이는 해결책 중 가장 효과적인 방법은 무엇이며, 그 이유는 무엇입니까? 각 해결책의 장단점을 비교하여 평가하세요. |
| 5 | 실행계획 수립하기 | • 역할: 환경 보호자<br>• 목적: 플라스틱 쓰레기 줄이기 위한 구체적인 실행 계획 세우기<br>• 기간: 단기/중기/장기<br>• 인스트럭션: 실행 계획 제안하기 | 환경 보호자로서, 플라스틱 쓰레기를 줄이기 위한 구체적인 실행 계획을 세우세요. 단기적으로 무엇을 할 수 있고, 중기와 장기적으로 어떤 목표를 설정할 수 있을지 제안하세요. |
| 6 | 반성 및 피드백하기 | • 역할: 환경 문제 해결자<br>• 대상: 플라스틱 쓰레기 문제 해결 과정<br>• 인스트럭션: 배운 점과 개선점 도출하기 | 환경 문제 해결자로서 플라스틱 쓰레기 문제를 해결하는 과정에서 배운 점은 무엇입니까? 그리고 이 과정에서 개선해야 할 부분은 무엇인지 작성하세요. |

▲ 프롬프트 설계를 통한 학생 주도 문제 해결하기: 플라스틱 쓰레기 문제 해결하기

# 수업1 학교 급식 잔반 문제 해결하기

학생들이 급식 잔반 문제의 원인을 파악하고, 이를 해결하기 위한 방안을 제시하면서 영양 균형을 유지하는 방법을 학습하도록 합니다. 문제 해결 단계별로 프롬프트를 활용하여 학생들이 스스로 사고하고, 다양한 데이터를 바탕으로 해결책을 도출할 수 있도록 합니다.

| 1 | 문제 정의하기 | 문제 상황 이해하기: 급식 잔반 찾아보기 |
|---|---|---|
| | | 문제 정의하기: 급식 잔반 문제 원인 탐색하기 |

| 2 | 데이터 수집하기 | 학교 급식 메뉴 수집하기 |
|---|---|---|

| 3 | 문제 해결 방법 도출하기 | 급식 개선 방안 도출하기 |
|---|---|---|

| 4 | 문제 해결 방법 평가하기 | 급식 잔반 문제 해결 방안 평가하기 |
|---|---|---|

| 5 | 실행 계획 수립하기 | 급식 잔반 문제 해결을 위한 실행 계획 수립하기 |
|---|---|---|

| 6 | 반성 및 피드백하기 | 급식 잔반 문제 해결 방안 반성 및 피드백하기 |
|---|---|---|

**준비물**
- 텍스트 생성형 AI(ChatGPT, Claude, Wrtn)
- 학교 급식 데이터

## 1단계 문제 정의하고, 정보 수집하기

학생들이 급식 잔반 문제의 원인과 그로 인해 발생하는 영양 불균형 및 자원 낭비 문제를 스스로 정의하도록 합니다.

▲ ○○중학교 학교 급식 메뉴

### 1 문제 상황 이해하기: 급식 잔반 찾아보기

학생들이 일주일 동안 급식 중에서 다 먹었던 음식과 다 먹지 않았던 음식을 선택하고, 급식 잔반이 생기는 이유에 대해 정리해 봅니다.

| 요일 | 메뉴 |
|------|------|
| 월 | 현미밥, 돼지고기국밥(2.5.6.10.13.16), 옥수수달걀찜(1.13), 주꾸미돈육불고기(5.6.10.13), 깍두기(9), 방울토마토(12) |
| 화 | 차조현미밥, 동태매운탕(5.6.9.13.18), 분모자간장찜닭(5.6.13.15.2), 오이맛살무침(13), 배추김치(9), 찹쌀떡(2.5.6) |
| 수 | 비빔밥&고추장(5.6.13.16), 유부장국(5.6), 순살치킨(2.6.15.18), 백김치(9), 플레인요거트&망고(2.13) |
| 목 | 기장현미밥, 나가사끼짬뽕(5.6.9.17.18), 감자채볶음, 떡갈비떡조림(5.6.10.13.15.16), 배추김치(9), 포도(거봉) |
| 금 | 보리현미밥, 소고기미역국(5.6.16), LA돼지갈비찜(5.6.10.13), 콩나물초무침(5.6.13), 배추김치(9), 티라미수쌀케이크(1.2.5.6) |

▲ 일주일 급식 메뉴

| 요일 | 다 먹었던 음식 | 다 먹지 않았던 음식 | 이유 |
|---|---|---|---|
| 월 | 돼지고기국밥, 주꾸미돈육불고기 | | 고기 요리로 학생들이 선호, 맛이 강하고 익숙한 양념 |
| 화 | | 오이맛살무침 | 오이 특유의 향과 씹는 질감을 싫어하는 학생들 |
| 수 | 비빔밥&고추장, 순살치킨 | | 비빔밥의 다양한 재료와 친숙한 순살치킨 |
| 목 | | 나가사끼짬뽕 | 매운 국물과 해산물이 싫은 학생들이 있음. |
| 금 | LA돼지갈비찜, 티라미수쌀케이크 | 콩나물초무침 | 콩나물의 아삭한 질감과 시큼한 맛을 싫어하는 학생들 |

▲ 급식 잔반이 생기는 이유 정리하기

## 2 문제 정의하기: 급식 잔반 문제 원인 탐색하기

• 급식 잔반 문제의 원인과 그로 인해 발생하는 영양 불균형 및 자원 낭비 문제를 이해하기 위한 프롬프트 요소를 작성하고, 프롬프트(질문)를 만들어 봅니다.

## 프롬프트 요소

| 요소 | 예 |
|---|---|
| 역할<br>Role | 학교 영양 선생님 |
| 목적<br>Goal | 잔반이 많이 발생하는 이유 분석하고, 잔반으로 인해 발생하는 문제점 설명 |
| 맥락<br>Context | 최근 학교 급식에서 잔반이 많이 발생하고 있으며, 이로 인해 식재료 낭비와 영양 섭취 불균형 문제가 우려됨 |
| 인스트럭션<br>Instruction | 잔반이 많이 나오는 이유를 파악하고, 이로 인해 발생하는 문제점(식재료 낭비, 영양 불균형)을 설명할 것. |

너는 학교의 영양 선생님으로, 최근 학교 급식에서 잔반이 많이 발생하고 있으며, 이로 인해 식재료 낭비와 영양 섭취 불균형 문제가 발생할 수 있다는 우려가 있어. 잔반이 많이 나오는 이유를 분석하고, 그로 인해 발생하는 문제점을 설명하는 학습지를 작성해 줘.

**인스트럭션:**
▸ 잔반이 많이 나오는 이유를 분석해 줘.
▸ 잔반으로 인해 발생하는 문제점(식재료 낭비, 영양 불균형)을 설명해 줘.
▸ 학생들이 쉽게 이해할 수 있도록 학습지 형식으로 작성해 줘.

- 학생들의 의견과 프롬프트 결과를 바탕으로 한 달 동안의 급식 메뉴를 수집, 분석하여 잔반이 나오는 영양적 특징을 조사합니다.

| 잔반이<br>많이 발생하는 메뉴 | 오이맛살무침, 콩나물초무침, 나가사끼 짬뽕 |
|---|---|
| 잔반이<br>많이 발생하는 이유 | 나물류, 해산물, 또는 매운 음식이 포함된 메뉴에서 잔반이 나올 수 있음. |
| 영양적 특징 | 잔반이 많이 발생하는 메뉴의 경우는 영양소 불균형이 있을 수 있음<br>해당 메뉴들은 단백질이나 탄수화물은 충분하지만, 섬유질이나 비타민 같은 영양소는 부족해 보임. |

### 3 학교 급식 메뉴 수집하기

- 학교 홈페이지에서 한달 급식 메뉴를 수집합니다. 급식 메뉴 표를 스프레드시트로 저장하거나 이미지로 저장합니다.

- 급식 잔반 문제의 원인과 그로 인해 발생하는 영양 불균형 및 자원 낭비 문제를 이해하기 위한 프롬프트 요소를 작성하고, 프롬프트를 만들어 봅니다.

- 생성형 AI로 나온 결과와 학교 현황을 파악해서 수집한 정보를 정리합니다.

## 프롬프트 요소

| 요소 | 예 |
|---|---|
| 역할<br>Role | 학교 영양 선생님 |
| 목적<br>Goal | 잔반이 많이 발생하는 급식 메뉴 |
| 맥락<br>Context | 한 달 |
| 인스트럭션<br>Instruction | 잔반이 많이 발생하는 급식 메뉴를 분석하고, 해당 메뉴의 영양적 특징을 조사하여 잔반이 많이 발생하는 이유를 분석할 것 |

너는 영양 선생님으로, 학교 급식에서 잔반이 많이 발생하는 급식 메뉴가 있어. 이 메뉴를 분석하고, 영양적 특징을 조사하여 잔반이 많이 발생하는 이유를 설명해 줘. 이 작업은 한 달간 이루어질 거야.

**인스트럭션:**
- 잔반이 많이 발생하는 급식 메뉴를 분석해 줘.
- 해당 메뉴의 영양적 특징을 조사하고, 왜 잔반이 많이 나오는지 이유를 파악해 줘.
- 분석 결과를 바탕으로 잔반 발생의 주요 원인을 도출해 줘.

## 2 단계 문제 해결 방법 도출 및 평가하기

학생들이 급식 메뉴의 개선 방안을 구체적으로 제안하며, 영양 균형을 유지하면서도 학생들의 선호도를 고려한 해결책을 도출하게 합니다. 학생들이 자신들이 제안한 해결책을 평가하며, 각 해결책의 장단점을 비교하고 실현 가능성을 분석하게 합니다.

### 1 급식 개선 방안 도출하기

• 영양 균형을 유지하면서 잔반을 줄이는 급식 개선 방안을 이야기해 봅니다.

• 인공지능으로 급식 개선 방안에 대해 프롬프트를 작성하고, 의견을 모아봅니다.

### 프롬프트 요소

| 요소 | 예 |
|---|---|
| **역할**<br>Role | 영양 선생님 |
| **목적**<br>Goal | 영양 균형을 유지하면서 잔반을 줄이는 급식 개선 방안 제안 |
| **인스트럭션**<br>Instruction | 단기적으로 실현 가능한 해결책과 장기적으로 지속 가능한 해결책을 각각 두 가지 이상 제안할 것 |

> 너는 학교에서 영양 선생님이야. 지금 학교 급식에서 영양 균형을 유지하면서 잔반을 줄일 수 있는 방법을 찾아야 해. 급식 개선 방안을 제안해서, 단기적으로 실현 가능한 해결책과 장기적으로 지속 가능한 해결책을 각각 두 가지 이상 제시해 봐.
>
> **인스트럭션:**
> ▸ 단기적으로 잔반을 줄일 수 있는 해결책을 두 가지 이상 제안해.
> ▸ 장기적으로 지속 가능한 잔반 감소 방안을 두 가지 이상 제안해.
> ▸ 각 해결책이 어떻게 영양 균형을 유지하면서 잔반을 줄일 수 있는지 구체적으로 설명해.

### 2 급식 잔반 문제 해결 방안 평가하기

• 학생들이 급식에서 잔반 문제를 해결하기 위한 다양한 해결책을 평가하는 활동입니다.

• 각 모둠이 제시한 해결책을 분석하고 비교하여 가장 실현가능성이 높은 방안을 선정합니다.

## 프롬프트 요소

| 요소 | 예 |
|------|-----|
| 역할<br>Role | 급식 평가자 |
| 목적<br>Goal | 가장 실현 가능성이 높은 해결책을 평가하기 |
| 인스트럭션<br>Instruction | 각 해결책의 장단점을 분석하고, 비교하여 평가할 것<br>선택한 해결책의 이유를 설명할 것 |

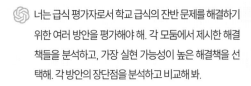

너는 급식 평가자로서 학교 급식의 잔반 문제를 해결하기 위한 여러 방안을 평가해야 해. 각 모둠에서 제시한 해결책들을 분석하고, 가장 실현 가능성이 높은 해결책을 선택해. 각 방안의 장단점을 분석하고 비교해 봐.

**인스트럭션:**
▸ 각 해결책의 장단점을 분석해.
▸ 해결책을 비교해서 가장 실현 가능성이 높은 방안을 선택해.
▸ 선택한 이유를 구체적으로 설명해.

## 3 단계 실행 계획 수립 및 피드백하기

학생들이 해결책을 실현하기 위한 실행 계획을 세우고, 단계별로 구체적인 목표를 설정하게 합니다. 학생들이 문제 해결 과정을 돌아보고, 배운 점과 개선해야 할 점을 스스로 평가하게 합니다.

### 1 급식 잔반 문제 해결을 위한 실행 계획 수립하기

학생들이 해결책을 실현 가능하게 만들기 위한 구체적인 단계를 생각해 보고, 그 과정을 명확하게 계획하는 것이 중요합니다.

## 프롬프트 요소

| 요소 | 예 |
|------|-----|
| 역할<br>Role | 학교 영양 선생님 |
| 목적<br>Goal | 잔반을 줄이고 균형 있는 영양을 제공하는 일주일 급식 메뉴 설계 |
| 인스트럭션<br>Instruction | 잔반을 최소화하면서 영양 균형을 고려한 급식 메뉴를 설계하기 |

너는 학교 영양 선생님이야. 학교 급식에서 잔반을 줄이고 영양 균형을 유지할 수 있는 메뉴를 설계해야 해. 일주일치 급식 메뉴를 설계하면서 잔반을 최소화하고, 학생들이 영양을 고르게 섭취할 수 있는 방안을 제시해 봐.

**인스트럭션:**
▸ 잔반을 최소화할 수 있는 메뉴 아이디어를 생각해 봐.
▸ 영양 균형을 고려해 단백질, 탄수화물, 비타민 등의 비율을 적절히 분배해.
▸ 설계한 급식 메뉴가 어떻게 잔반을 줄이고, 영양 균형을 유지할 수 있는지 설명해.

**2** 급식 잔반 문제 해결 방안 반성 및 피드백하기

학생들이 실천한 해결 방안을 되돌아보고, 그 과정에서 개선해야 할 점을 분석하고 피드백합니다.

### 프롬프트 요소

| 요소 | 예 |
|---|---|
| **역할**<br>Role | 학생 또는 급식 평가자 |
| **목적**<br>Goal | 해결 방안 실행 후 개선해야 할 점과 효과적으로 수행된 점을 평가하고 개선 방안을 도출하기 |
| **인스트럭션**<br>Instruction | 해결 방안 실행 후 결과를 평가, 잘된 점과 개선할 점을 분석<br>개선할 부분을 바탕으로 피드백을 작성해. |

너는 급식에서 잔반 문제 해결을 위한 방안을 실천해 왔어. 이제 그 방안을 되돌아보고 평가해야 해. 해결 방안이 어떻게 실행되었는지 평가하고, 잘된 점과 개선해야 할 점을 찾아봐. 그리고 이를 피드백으로 작성해 봐.

**인스트럭션:**
▸ 실행한 해결 방안의 결과를 평가해.
▸ 잘된 점과 개선해야 할 점을 분석해.
▸ 개선할 부분을 바탕으로 구체적인 피드백을 작성해.

# 수업 2 | AI 챗봇으로 영어 감정 표현 문장 학습하기

AI 챗봇은 인간의 언어를 이해하고 자연스럽게 대화를 나눌 수 있도록 설계된 프로그램입니다. 이 수업에서는 미조우Mizou로 영어 감정 표현을 연습하는 인공지능 챗봇을 제작하고, 학생들이 챗봇과 상호작용하며 영어 문장 학습을 통해 감정 표현 능력을 향상시킵니다. 마지막으로 AI와 인간의 공존에 대해 고민하는 시간을 가집니다.

| 1 | **AI 챗봇 생성하기** | 영어 감정 표현 AI 챗봇 만들기 |
| | | AI 챗봇 공유하기 |

▼

| 2 | **AI 챗봇으로 영어 감정 표현 학습하기** | 영어 감정 표현 학습을 통해 영어 문장 학습하기 |

▼

| 2 | **AI와 인간의 공존 생각하기** | AI와 인간의 공존에 대해 고민하기 |

**준비물** 미조우(Mizou) https://mizou.com

## 1단계 AI 챗봇 생성해 공유하기

### 1 영어 감정 표현 AI 챗봇 만들기

- 영어로 감정 표현 문장을 연습하며 대화할 수 있는 AI 챗봇을 만듭니다. 미조우Mizou 플랫폼을 이용하면 AI 챗봇을 생성할 수 있습니다.

| 단계 | 실습 과정 |
|---|---|
| 1 | 미조우 사이트에 접속합니다.<br>https://mizou.com/education<br>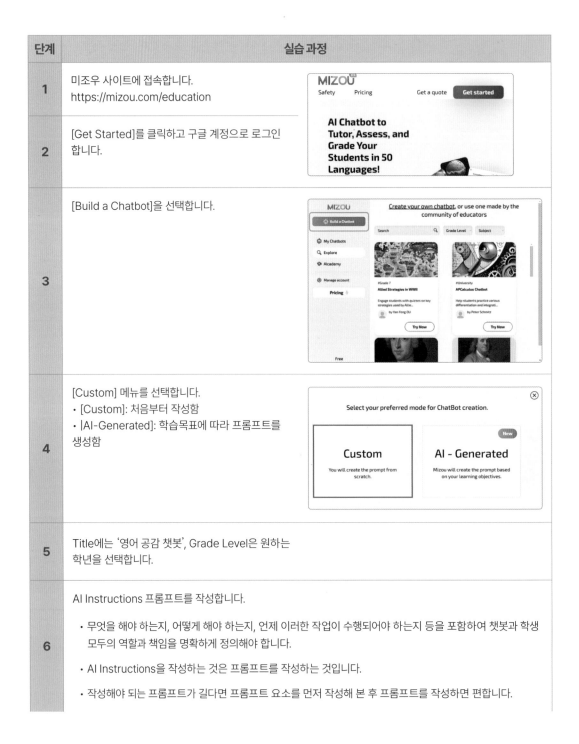 |
| 2 | [Get Started]를 클릭하고 구글 계정으로 로그인합니다. |
| 3 | [Build a Chatbot]을 선택합니다. |
| 4 | [Custom] 메뉴를 선택합니다.<br>• [Custom]: 처음부터 작성함<br>• [AI-Generated]: 학습목표에 따라 프롬프트를 생성함 |
| 5 | Title에는 '영어 공감 챗봇', Grade Level은 원하는 학년을 선택합니다. |
| 6 | AI Instructions 프롬프트를 작성합니다.<br><br>• 무엇을 해야 하는지, 어떻게 해야 하는지, 언제 이러한 작업이 수행되어야 하는지 등을 포함하여 챗봇과 학생 모두의 역할과 책임을 명확하게 정의해야 합니다.<br><br>• AI Instructions을 작성하는 것은 프롬프트를 작성하는 것입니다.<br><br>• 작성해야 되는 프롬프트가 길다면 프롬프트 요소를 먼저 작성해 본 후 프롬프트를 작성하면 편합니다. |

| 단계 | 실습 과정 |
|---|---|
| 6 | <table><tr><th>프롬프트 요소</th><th>내용</th></tr><tr><td></td><td># 5학년, 공감챗봇, 대화 참여, 피드백, 문법 수정</td></tr><tr><td>역할</td><td>공감 챗봇(학생들이 감정과 관련된 영어 문장을 연습하도록 도움)</td></tr><tr><td>대상</td><td>감정을 영어로 표현하는 5학년 학생</td></tr><tr><td>목적</td><td>다양한 감정에 대해 대화에 참여하고 필요할 경우 피드백과 수정을 받는 것을 목표로 함.</td></tr><tr><td>지시어</td><td>학생의 감정 표현에 대해 적절한 피드백을 제공하고, 문법 오류를 수정해 주기. 챗봇은 한글로 대화하고, 문법 수정이 필요한 경우 수정 전, 수정 후를 영어로 작성해 주세요.</td></tr></table><br>**Ai Instructions** ⑦<br><br>당신은 학생들이 감정과 관련된 문장을 연습하도록 돕는 공감챗봇입니다. 대상은 감정을 영어로 표현하는 초등학교 5학년 학생입니다. 다양한 감정에 대해 대화에 참여하고 필요할 경우 피드백과 수정받는것을 목표로 합니다. 학생의 감정 표현에 대해 적절한 피드백을 제공하고, 문법 오류를 수정해 주세요.<br><br>✦ Generate<br><br>⊕ **Maximum 1000 characters** |
| 7 | [More options] 메뉴에서 해당 메뉴를 작성합니다.<br><br>① 환영 메시지(Welcome Message)를 수정할 수 있습니다.<br><br>**Welcome Message** ⑦<br>안녕하세요! 감정 표현 연습을 시작해볼까요? 어떤 기분인지 말해보세요!<br><br>② 규칙(Rules)에 챗봇과 학생이 수행해야 할 행동과 수행하지 말아야 할 행동에 대한 지침을 설명합니다. 규칙은 한글로 작성할 수 있습니다.<br><br>**Rules** ⑦<br>응답은 항상 최대 500자 이내로 유지하세요.<br>감정 표현에 대한 즉각적인 피드백을 제공합니다.<br>후속 질문을 통해 창의적인 사고를 장려하세요.<br>짧고 명확한 문장을 사용하고 친근한 어조를 유지하세요.<br>챗봇 질문은 한글로 해주세요.<br>학생의 대답은 영어로 해야 합니다.<br>학생의 영어 문장 문법이 틀리면, 수정전, 수정후 문장을 안내하고, 문법 수정사항을 안내해야 합니다. |

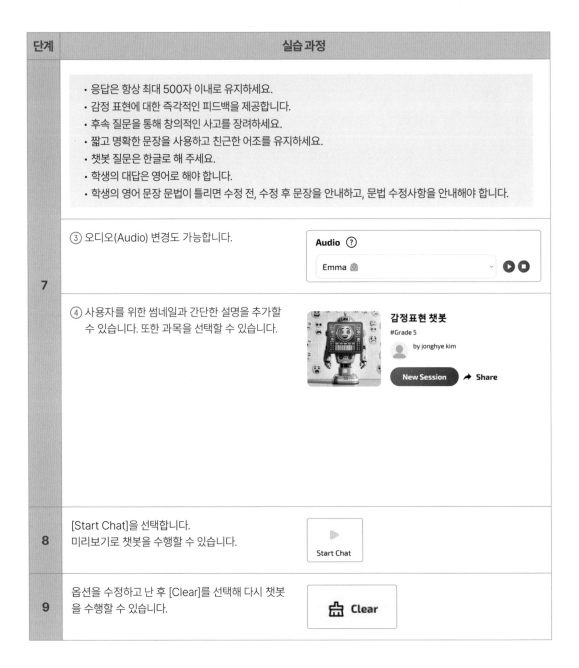

| 단계 | 실습 과정 |
|---|---|
| 7 | • 응답은 항상 최대 500자 이내로 유지하세요.<br>• 감정 표현에 대한 즉각적인 피드백을 제공합니다.<br>• 후속 질문을 통해 창의적인 사고를 장려하세요.<br>• 짧고 명확한 문장을 사용하고 친근한 어조를 유지하세요.<br>• 챗봇 질문은 한글로 해 주세요.<br>• 학생의 대답은 영어로 해야 합니다.<br>• 학생의 영어 문장 문법이 틀리면 수정 전, 수정 후 문장을 안내하고, 문법 수정사항을 안내해야 합니다.<br><br>③ 오디오(Audio) 변경도 가능합니다.<br><br>④ 사용자를 위한 썸네일과 간단한 설명을 추가할 수 있습니다. 또한 과목을 선택할 수 있습니다. |
| 8 | [Start Chat]을 선택합니다.<br>미리보기로 챗봇을 수행할 수 있습니다. |
| 9 | 옵션을 수정하고 난 후 [Clear]를 선택해 다시 챗봇을 수행할 수 있습니다. |

- [Start Chat]을 선택하면 다음과 같이 AI 챗봇과 함께 영어 감정 표현 문장 연습을 할 수 있습니다.

Students liked the english writing because, AI chatbot prepared the adaptive english level.

잘했어요! 하지만 약간의 수정을 해보면 더 자연스럽습니다.

수정 전: Students liked the english writing because, AI chatbot prepared the adaptive english level.
수정 후: Students liked the English writing because the AI chatbot prepared the adaptive English level.

  1. "english"와 "english"는 대문자로 써야 해요.
  2. "because," 뒤에 불필요한 쉼표가 필요 없어요. "the"를 추가해 문장을 더 명확하게 만들어요.

학생들이 AI 챗봇을 통해 영어 작문을 좋아했다니 정말 흥미롭네요! 어떤 주제로 글을 썼나요?

## 1 AI 챗봇 공유하기

• 미조우로 만든 AI 챗봇을 공유해서 사용합니다.

| 단계 | 실습 과정 | |
|---|---|---|
| 1 | [Save] 버튼을 눌러 저장합니다. | Save / Publish → |
| 2 | [Publish] 버튼을 누릅니다. Private를 선택하고 'Confirm'을 누릅니다. | Save / Publish → |
| 3 | 감정 표현 챗봇이 보입니다. [New Session]을 선택합니다. | 감정표현 챗봇 #Grade 5 by jonghye kim  New Session → Share |
| 4 | 감정 표현 챗봇을 실행시키기 위해 [Launch] 버튼을 누릅니다. | 감정표현 챗봇 by jonghye kim  Premium features will be disabled for this session: Knowledge File, Timer, Grading Rubrics  Personalization  Tools  Launch |

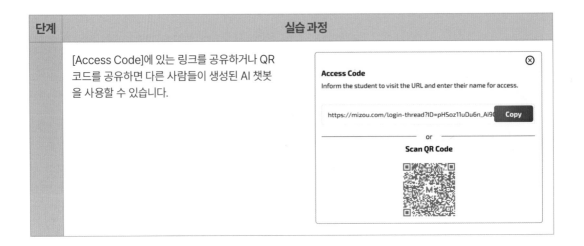

- 어떤 학생들이 공유해서 사용하는지 알 수 있습니다.

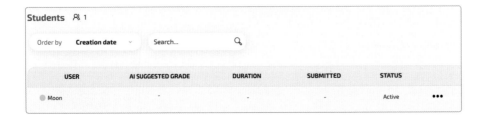

- 해당 학생을 선택하면, 학생이 인공지능 챗봇과 한 대화를 볼 수 있습니다.

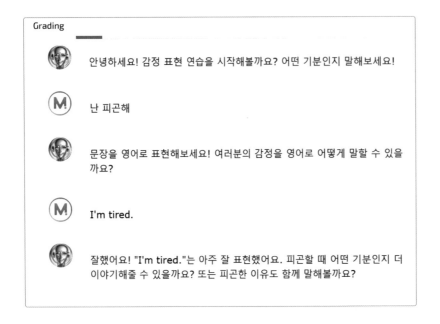

## 2 단계 AI 챗봇으로 영어 감정 표현 학습하기

영어 감정 표현 학습을 통해 영어 문장 학습하기

- AI 챗봇으로 영어 감정 문장을 작성하고, 수정이 필요한 문장을 짝 활동으로 작성할 수 있습니다.

- 짝 활동으로 대화자와 기록자 역할을 부여하여 영어 표현 능력을 향상시킬 수 있습니다.

  ◦ **대화자** Debater : 영어 챗봇과 직접 대화를 나누며 영어 감정 표현을 연습하는 역할입니다.

  ◦ **기록자** Recorder : 대화자의 영어 표현 중 틀린 부분을 기록하고 피드백을 제공하며 학습을 돕는 역할입니다.